Uwe Petersen # Die Illusionen der Politik

Die Bedeutung Donald Trumps zu deren Überwindung und die Aufgaben der europäischen Außen- und Wirtschaftspolitik

Uwe Petersen 政治幻想

唐诺德。特朗普对破除政治幻想的意义和 欧洲外交政策，经济政策的任务

Uwe Petersen Die Illusionen der Politik

Die Bedeutung Donald Trumps zu deren Überwindung und die Aufgaben der europäischen Außen- und Wirtschaftspolitik

Uwe Petersen 政治幻想

唐诺德。特朗普对破除政治幻想的意义和 欧洲外交政策，经济政策的任务

辛垦译自德文

Erscheinungsjahr/年版 2018/2019

Umschlaggestaltung/封面设计
Reinhard Büttner Design & Konzeption

ISBN 9781091150393

Druck &Verlag/出版和印刷: Kindle

Editor/编辑

CHINA FORUM BERLIN
Deutsch-Chinesisches Kultur- und Wirtschaftsforum zu Berlin und Beijing e.V.
Burggrafenstr.3 | 10787 Berlin

Uwe Petersen **Die Illusionen der Politik**

Die Bedeutung Donald Trumps zu deren Überwindung
und die Aufgaben der
europäischen Außen- und Wirtschaftspolitik

Geleitwort des Herausgebers

Die in Übersetzung in die chinesische Sprache vorliegende Denkschrift des Wirtschaftsförderers und Philosophen Dr. Uwe Petersen "Die Illusionen der Politik" aus Berlin ist eine Fortschreibung seines Festvortrags auf dem Neujahrsempfang 2017 des China Forums Berlin am Vorabend der offiziellen Amtseinführung des amtierenden amerikanischen Präsidenten Donald Trump. Sie reflektiert die persönliche Ansicht seines Lebens- und Erkenntniswegs mit dem Ost- West-Gegensatz nach dem 2. Weltkrieg, aber auch der Impulse der Globalisierung auf die Welt nach dem Ende der Blockkonfrontation.

Trump, dessen Wiederwahl derzeit sogar wahrscheinlicher als seine Ablösung ist, erscheint aufgrund seiner amerikatypischen Selbstdarstellung als die Reizfigur international schlechthin. Gleichwohl setzt gerade er sich offenbar mit seiner Methode der Revision aller Verhältnisse auf ganzer Linie durch und bewirkt nicht nur bei seinen medialen Kritikern die Bereitschaft, sich Neu- oder Nachverhandlungen nicht zu verschließen. Die Sorge, "es könnte anderenfalls weit schlimmer kommen, mag die maßgebliche Ursache sein". Bedenklich auf der anderen Seite ist die Tatsache, dass die DT in Worten Widersprechenden in ihren Handlungen das genaue Gegenteil zu verantworten haben. Konsequenzen der "Bevormundung", beispielsweise durch die fortwährenden Direktiven des amtierenden Botschafters der USA, sind relativ. Die "Wahrheit ist und bleibt in den Tatsachen" zu suchen.

Das Interesse an der Publikation und ihren Denkanregungen vor allem in China ermutigte uns, die Übersetzung zu wagen und den Beitrag zur Diskussion zu stellen. Das "unpolitisch/politische" China Forum fördert den kritischen Dialog, sieht sich im Interesse der Förderung von Gemeinsamkeiten dem friedlichen Zusammenwirken zum gemeinsamen Vorteil aber auch dem freien Gedankenaustausch auch dann verpflichtet, wenn der Beitrag allein der Aufforderung zur Widerrede dient. "Anders sein und zu sein dürfen" ist ein selbstverständlicher Grundsatz. Er gilt für uns aber selbstverständlich erst recht für eine Kulturnation, die ihre eigenen bitteren Erfahrungen mit den "Segnungen des Westens" machen musste.

Dr. Uwe Petersen, ein in China gerne empfangener Philosoph und Ansprechpartner für Fragen der aktuellen und zukünftigen Entwicklungen in der Welt, gehört zu den Brückenbauern im "Ost-West-Verhältnis". Nicht nur in Bezug auf China. Seine Vita steht für das, was uns allen in Zeiten großer Umbrüche und Herausforderungen Anregung für das eigene Schaffen sein sollte.

Berlin, den, 21. März 2019

Eberhard J. Trempel
Vorsitzender des China Forum Berlin

Inhalt

A. Die Illusionen der Politik, ihre Folgen und der Beitrag Donald Trumps zu deren Überwindung

Maßgebende unser wirtschaftliches und gesellschaftliches Handeln bestimmenden Prinzipien erweisen sich immer mehr als Illusionen, deren Befolgung die Wirtschaft und Gesellschaft und die internationalen Beziehungen zerstören. Sie werden zunehmend als Lügen empfunden. Damit wird ein Nährboden geschaffen für politische Kobolde und Rattenfänger.

Die Trumps können die etablierten wirtschaftlichen und gesellschaftlichen Strukturen aber nicht nur zerstören. Sie können durch ihr Handeln auch einen Beitrag leisten, die politischen Illusionen zu überwinden und festgefahrene gesellschaftliche Strukturen zu lösen.

I. Die Illusion einer bleibenden Wertegemeinschaft Europas mit den USA und des Verlasses darauf, dass die Sicherheit Europas durch die USA im Rahmen der NATO aufrechterhalten werden kann.

Die geistige, gesellschaftliche und wirtschaftliche Entwicklung der Welt ging in den letzten 600 Jahren von Europa aus. Europäismus nenne ich die Synthese von Christentum und Antike bis in ihre säkularen Ausformungen. Moderne Wissenschaft und Technik, aber auch Liberalismus und Marxismus und kapitalistische Marktwirtschaft fußen auf dem Europäismus.

Leitbild des Europäismus ist letztlich das freie, sich selbst verwirklichende Individuum – religiös als Gegenbild Gottes – und seine Rückbezogenheit auf die Welt und Gemeinschaft. Je nachdem, ob religiöse oder säkulare Intentionen überwiegen oder die Entwicklung des individuellen Selbst oder der Liebesgemeinschaft akzentuiert werden, zeigt sich der Europäismus in verschiedenen Ausgestaltungen. Dabei neigt der Westen dazu, die individuelle Freiheit zu überhöhen, der Osten die Solidarität und Verbundenheit der Menschen.

Zum Zentrum des West-Europäismus entwickelten sich die USA und zum Zentrum des Ost-Europäismus Russland. Mitteleuropa, hat immer versucht, diese beiden Ideale miteinander zu synthetisieren. Im Kalten Krieg obsiegte der West-Europäismus. Westeuropa und nach dem Zusammenbruch des Ostblocks auch Ostdeutschland und die angrenzenden osteuropäischen Länder fühlten sich mit den USA in einer Wertegemeinschaft verbunden, die für die Selbstbestimmung der Menschen, Demokratie und kapitalistische Marktwirtschaft eintrat. Ihr militärisches Fundament hatte diese Wertegemeinschaft in der NATO, dem Nordatlantik-Pakt. Führungsmacht Westeuropas und der NATO waren die USA.[1]

---

[1] ausführlicher in: Uwe Petersen: *Segen und Opfer der Globalisierung. Wirtschaftliche und gesellschaftliche Entwicklung, relative Verarmung, Arbeitslosigkeit, Wirtschaftskrisen, Links- und Rechtsradikalismus, Religionskriege Flüchtlingsströme und die Verantwortung Europas*, ISBN 978-3-7439-5344-4, S. 37 ff., 90ff.

Die Wertegemeinschaft zwischen Europa und den USA droht, aus folgenden Gründen zu zerbrechen:

1. das Infragestellen der Werte,
2. unterschiedliche politische und wirtschaftliche Interessen in einer sich wandelnden Welt.

1. Das Infragestellen der westlichen Werte durch Donald Trump

Dem westlichen Europäismus verdanken wir zwar den wirtschaftlichen und gesellschaftlichen Fortschritt. Er ist aber auch verantwortlich für:

*   das Auseinanderbrechen der Gesellschaft aufgrund zunehmender ungleicher Vermögens- und Einkommensverteilung und die daraus erwachsenen Probleme der sozialen Verarmung der unteren Gesellschaftsschichten,
*   steigende Krisengefahr der Weltwirtschaft,
*   den Islamismus und Terrorismus als Antwort auf die Globalisierung des Europäismus,
*   die Umweltverschmutzung und die Klimaprobleme und
*   die Flüchtlingsströme.

Da das politische und wirtschaftliche Establishment die bestehenden Verhältnisse aber mit den westeuropäischen Werten begründet und sie aufgrund der gegebenen Wirtschafts- und Machtverhältnisse als alternativlos proklamiert, werden sie von der unteren Bevölkerung als lügenhaft wahrgenommen.

Als Folge davon haben in nahezu allen Ländern Radikale Zulauf, die eine *alternative* Politik versprechen. In den USA wurde mit Donald Trump ein Präsident gewählt, der etablierte Wertprinzipien des wirtschaftlichen Handels, internationale Verträge und Verhaltensweisen infragestellt und damit die USA als Garant für die westliche Gesellschafts- und Wirtschaftsordnung aufhebt.

2. Unterschiedliche politische und wirtschaftliche Interessen in einer sich wandelnden Welt

Trotz aller „Wertegemeinschaft" hat es zwischen Europa und den USA immer auch unterschiedliche wirtschaftliche und politische Interessen gegeben und haben sich die USA nicht gescheut, ihre weltpolitische Übermacht auch wirtschaftlich einzusetzen. An einer hemmungslosen Ausnutzung ihrer Machtposition wurden sie jedoch durch die gemeinsamen Werte und Prinzipien gehemmt. Zudem fühlten sich die USA für die Welt verantwortlich und erstrebten, auch zurückgebliebene Länder und solche, die nicht demokratisch regiert und den Menschenrechten verpflichtet waren, die westliche Lebensweise nahe zu bringen.

Je mehr aber die USA selbst unter Handelsbilanzdefiziten, Deindustrialisierung, relativer Verarmung der weniger Qualifizierten und einströmenden Wirtschaftsflüchtlingen zu leiden haben, umso mehr steigt das Bedürfnis,

- administrativ in die Außenwirtschaftsbeziehungen einzugreifen, Autarkie anzustreben oder Wirtschaftsbeziehungen durch bilaterale Deals zu regeln,
- sich außenpolitisch aus der Welt zurückzuziehen, sich auf die USA selbst zu begrenzen und im Sinne von Trumps Devise „America first" eine rein nationalistische zu betreiben,
- brutal auch wirtschaftliche Macht einzusetzen in Form von Sanktionen, und zwar auch mit Erpressung anderer Staaten oder deren Unternehmen, US-Interessen und -Sanktionen zu befolgen, weil sie andererseits nicht auf dem amerikanischen Markt tätig werden dürfen.

Aus diesem Bedürfnis tendiert Donald Trump verstärkt dazu, in den internationalen Handel einzugreifen, wenn er die USA benachteiligt sieht, die USA aus allen internationalen Konflikten herausziehen und die Konflikte den Betroffenen selbst überlassen. Allenfalls setzt Trump die Wirtschaftsmacht der USA ein und will seinen Willen international durch die Androhung und Durchführung von Sanktionen erzwingen. Nur wenn Konflikte auch die Sicherheit der USA infrage stellen können, droht Trump an, radikal militärisch einzugreifen.

Da er als Immobilienhändler in Deals und Gewinn und Verlust rechnet, macht er seine Entscheidungen gern daran fest, was die USA bisher für bestimmte Länder ausgegeben haben oder noch ausgeben und wie weit sie dafür etwas zurückbekommen. So fragt er mit einem gewissen Recht, was Amerika zum NATO-Haushalt beiträgt und wie weit die anderen Länder davon die Kosten tragen, und stellt schon einmal die Möglichkeit in den Raum, sich aus der NATO und anderen internationalen Vereinbarungen zurückzuziehen. Darüber hinaus ist Donald Trump sprunghaft und relativ beratungsresistent und macht Twittern und Lügen zu seinem Erkennungszeichen. So bringt er die ganze bisherige Weltordnung ins Wanken.

Er kann damit aber auch festgefahrene Situationen und Machtverhältnisse auflösen und eine wirtschaftliche und gesellschaftliche Weiterentwicklung ermöglichen. Für die anderen Staaten wird er aber dadurch unberechenbar und zwingt sie, darauf entsprechend zu reagieren und die Wertegemeinschaft mit den USA immer mehr aufzukündigen.

II. Die Illusion, dass die Einführung einer parlamentarischen Demokratie überall eine harmonische Entwicklung eines Volkes garantiert, und der mögliche Beitrag Donald Trumps zu deren Überwindung

Eine wesentliche Triebfeder für die westliche Globalisierung war die Missionierung der übrigen Welt zur westlichen individualistischen Lebenseinstellung, zu einer parlamentarischen demokratischen Staatsform, zu einem am Humanismus orientierten Rechtssystem und einer freien kapitalistischen Marktwirtschaft.

Die Bedingtheit der Überzeugung, dass eine parlamentarische Demokratie eine friedliche und sich entwickelnde Gesellschaft garantiert, zeigt sehr anschaulich die Geschichte des sogenannten *Arabischen Frühlings*. Als einziges Beispiel einer gewissen Bestätigung dieser These kann allenfalls die Entwicklung in Tunesien gelten, wo der *Arabische Frühling* begonnen hat. In allen anderen Ländern ist der Versuch schmerzlich gescheitert.

In Libyen brachen in Kombination mit islamistischen Tendenzen alte Stammesbezüge wieder auf. In Ägypten nutzten radikale Islamisten die freien Wahlen, ein islamistisches Regime zu errichten und in Syrien drohten ebenfalls Islamisten, die Macht an sich zu reißen.

In Ägypten konnte diese Entwicklung quasi nur durch einen Militärputsch verhindert werden mit der Folge, dass Ägypten heute eine noch radikalere Militärdiktatur ist, als zu Mubaraks Zeiten oder allenfalls eine von den Militärs gelenkte Demokratie mit radikaler Unterdrückung aller islamistischen Tendenzen.

In Syrien und dem Irak haben sich relativ säkulare Gesellschaftsstrukturen nur in den von Kurden und ihren Verbündeten beherrschten Gebieten etablieren können, Gebiete, die allerdings vom Assad Regime mithilfe Irans und Russlands auch wieder zurückerobert werden sollen. Ansonsten ist eine relativ säkulare Staatsform die von Baschar al Assad selbst. Sie wird gesellschaftlich aber nur von den Alawiten, Christen und anderen nicht-sunnitischen Sekten, allerdings bis zu ein gewissen Grade auch von der sunnitischen Intelligenz und sunnitischen Unternehmern getragen. Die Mehrheit der Sunniten lehnt das Assad-Regime ab. Aber soweit die von Aufstandsbewegungen gegen die Militärdiktatur von Assad „befreiten" Gebiete nicht wieder vom Assad Regime mit russischer und iranischer Hilfe zurückerobert sind, werden sie überwiegend von Islamisten beherrscht.

In den westlichen Ländern wurde lange geglaubt oder durch Medien glauben gemacht, dass es sich bei den Aufständischen um an westlichen Werten Orientierte handelt, bis immer mehr deutlich wurde, dass die treibenden Kräfte unter ihnen Islamisten waren, die sich nur unwesentlich von den IS Kämpfern unterscheiden.

Beklagt wurden die riesigen Verluste an Menschenleben und Zerstörungen bei der von Assad ausgehenden Rückeroberung von Aleppo und anderen Gebieten. Weniger beachtet wurde, dass dafür auch der fanatische Widerstand, der auch vor menschlichen Schutzschilden nicht zurückschreckte, primär der Islamisten, schuld war. Aber wem in der Welt, abgesehen von den Islamisten selbst, wäre eigentlich damit gedient, wenn diese Islamisten die Macht ergriffen hätten?

Die westlichen Länder müssen lernen, dass auch die gesellschaftlichen Systeme von den Menschen selbst gemacht werden oder doch von ihnen getragen werden müssen. Ein Beispiel, dass auch ein irrlichternder Präsident nicht alles machen kann, wenn die demokratische Gesinnung in den Institutionen des Volkes verankert ist, sind die USA selbst. Liegt diese Verankerung jedoch nicht vor, dann entstehen archaische Gesellschaftssysteme oder Militär- oder Parteidiktaturen, wobei letztere im Zweifel das kleinere Übel sind, weil sie zumindest Ruhe und Ordnung und damit die Voraussetzung für eine mögliche wirtschaftliche Prosperität schaffen. Das bemerkenswerteste Beispiel dafür ist die VR China.

So unerträglich auch für die von westlichen Werten geprägten Demokraten die Herrschaft Assads in Syrien ist, so darf bei allen seinen Verbrechen nicht vergessen werden, dass seine Gegner in ihrem Machtbereich genauso gehandelt haben und, wenn sie die Macht in ganz Syrien errungen haben würden, mit gleicher Brutalität gegen die Gruppen vorgehen würden, die vorher Assad gestützt haben.

Was für Syrien gesagt wird, gilt analog für alle Länder. Freiheitshelden gegen Unterdrückung und Korruption, wie Mugabe in Simbabwe oder Enrique Santos in Nicaragua, wandelten sich schnell selbst zu korrupten Unterdrückern, nachdem sie die Macht erlangt hatten.

Die bisher Unterdrückten neigen sogar dazu, noch schlimmer zu unterdrücken, wenn sie stärker prinzipiengesteuert sind, als die etablierten Regime, auch weil sie etablierte Strukturen zerschlagen müssen. Man betrachte die Jakobinerherrschaft nach der *Französischen Revolution* und die Vorgehensweise der Bolschewiken nach der *Russischen Oktoberrevolution*.

Die Versuche des Westens, und insbesondere der USA, nicht-europäischen Ländern zu einer westlichen demokratischen Staatsordnung und Lebenseinstellung zu verhelfen, sind schon in Afghanistan, dem Irak und Libyen gescheitert und wären es voraussichtlich auch in Syrien. Vladimir Putin muss bei allen Vorbehalten zugestanden werden, dass er die Russische Föderation und die Beziehungen zu den meisten der ehemaligen Mitglieder der Sowjetunion stabilisiert und gesellschaftliches Chaos und wirtschaftliche Not, wenn auch zum Teil mit fragwürdigen Methoden, verhindert hat.

Das russische Reich ist wohl auch kaum anders zu regieren. Das zeigt sich schon daran, dass die anderen Nachfolgestaaten der UdSSR auch autokratisch regiert werden, und so ist es auch in den sozialistischen ostasiatischen Ländern. Sicherlich ist auch für Syrien eine Militärherrschaft notwendig. Deswegen hat Putin wohl recht, dass unter den gegebenen Umständen allenfalls durch eine Stabilisierung des Assad-Regimes Syrien befriedet werden kann.

Eine Demokratie kann nur funktionieren, wenn die Wähler sich von vernünftigen Überlegungen und dem Gemeinwohl leiten lassen und dabei berechtigte Interessen von Minderheiten berücksichtigen. Handeln sie nur aus Emotionen, Egoismen oder Stammesbeziehungen, dann kann, schon allein, um eine Region zu befrieden, eine Diktatur notwendig sein. Eine Demokratie, die den angegebenen Kriterien nicht entspricht, schafft im Übrigen sowieso schnell chaotische Verhältnisse und den Ruf nach einem „starken Führer".

Angewandt auf den „Arabischen Frühling" war es ein Fehler der westlichen Seite, beizutragen an der Destabilisierung der Regime in Libyen und Syrien. Auch im

Irak hätte nach der Ausschaltung Saddam Husseins die bisherige regierende Baath-Partei nicht zerschlagen, sondern in die Neuordnung einbezogen werden müssen. Am verheerendsten war die US-Politik in Afghanistan, als sie den Islamismus gegen die Sowjetunion förderte und dadurch Afghanistan erst recht ins Chaos führte.

In Syrien hat die westliche Unterstützung von Rebellengruppen, die letztlich von Islamisten bestimmt waren, die Zerstörung und die Zahl der Toten wesentlich erhöht. Jede Behinderung der Rückeroberung von von islamistischen Gruppen gehaltenen Rebellengebieten, heißen sie nun IS, El Kaida, al-Nusra-Front oder wie immer, verlängert das Leiden des syrischen Volkes und setzt Flüchtlinge in Bewegung. Die einzige Ausnahme war die Unterstützung der Kurden, die ein relativ säkulares Gesellschaftssystem etablierten, allerdings dadurch die Türken provozierten. Dennoch wird es nicht zu einem Frieden kommen, wenn die Türken und Kurden sich nicht auf einen *modus vivendi* einigen.

1. Die ungelöste Korea-Frage und der mögliche Beitrag Donald Trumps zu deren Lösung

Seit dem Koreakrieg vor fast 70 Jahren gibt es zwischen Nord- und Südkorea keinen Friedensvertrag und ist das Verhältnis Nordkoreas zu den USA und den meisten Ländern der Welt ungelöst. Der Waffenstillstand mit Nordkorea, der immer wieder zu kleineren Konflikten führt, wurde von den USA auch im Namen der übrigen auf Seiten der Amerikaner am Krieg beteiligten 15 Länder unterzeichnet. Damit haben die USA eine zentrale Bedeutung für die Entspannung der internationalen Beziehungen zu Nordkorea.

Mit Verweis auf Bloomberg wird berichtet, dass es in Pjöngjang nur 24 ausländische Botschaften gibt (darunter auch Deutschland und das Vereinigte Königreich), wobei die schwedische Vertretung der inoffizielle Sitz der USA, Kanadas und Australiens ist. >>Die anderen Botschaften übernehmen hauptsächlich humanitäre Aufgaben. Umgekehrt unterhält Nordkorea in 47 Ländern eine Botschaft, beispielsweise in Spanien, Italien und vielen afrikanischen Ländern. <<[2]

Nach den Prinzipien, dass ein amerikanischer Präsident mit einem „Schurkenstaat" sich nicht trifft, bzw. erst durch Untergebene gleichsam das Terrain für ein Treffen zwischen den Staatsoberhäuptern geschaffen werden muss und dies nicht gelang, wurde das Streben Nordkoreas zur Atommacht und seine Entwicklung von Interkontinentalraketen für Amerika und die Nachbarstaaten, wie es Barack Obama formulierte, *zum schwierigsten zu lösenden Problem*. Die USA und die umliegenden Staaten sehen in der Aufrüstung Nordkoreas eine Gefährdung des Weltfriedens. Die Kim Dynastie und ihre Anhänger wollen sich dadurch wahrscheinlich nur schützen vor einem gewaltsamen Sturz mit Unterstützung des Auslandes. Der Irak und Libyen sind dafür warnende Vorbilder.

---

[2] https://www.businessinsider.de/diese-staaten-arbeiten-mit-nordkorea-zusammen-und-koennten-fuer-trump-zum-problem-werden-2017-5

Was macht Donald Trump? Er startet eine wüste Hetzkampagne, bedroht Nordkorea mit der Auslöschung und verstärkt die wirtschaftlichen Sanktionen. Zugleich erpresst er Unternehmer anderer Länder, die in USA auch Geschäfte machen, sich diesem Boykott anzuschließen, und motiviert die Nachbarländer Nordkoreas, China und Russland, ebenfalls wirtschaftlichen Druck auf Nordkorea auszuüben. Dann trifft er sich mit dem Präsidenten von Nordkorea Kim Jong-un und vereinbart mit ihm, dass die koreanische Halbinsel atomwaffenfrei werden, ein Friedensvertrag abgeschlossen und die Sanktionen aufgehoben werden. Als Vorleistung stoppt er gemeinsame militärische Manöver mit Südkorea und Anrainerstaaten. Damit ist das Verhältnis zu Nordkorea entspannter und Nordkorea quasi als vollwertiger Staat anerkannt.

Obwohl Donald Trump diesen „Deal" wie üblich als einen großen Erfolg feiert und eine atomare Abrüstung Nordkoreas proklamiert, wird sich die militärische Position Nordkoreas kaum ändern. Nordkorea wird die gewonnene Militärmacht nicht wieder aufgeben und diese Position auch durchhalten können, weil die Vereinbarung auch enthält, dass die USA ihre militärischen Truppen aus Südkorea zurückziehen und Atomwaffen dort abbauen müssen, was schon deswegen nicht geschehen wird, weil das gegenseitige Misstrauen nach wie vor groß ist.

Dennoch kann von einer Entspannung des Verhältnisses zu Nordkorea gesprochen werden. Selbst wenn die USA die Sanktionen noch aufrechterhalten, werden Russland und China und mehr und mehr andere Staaten diese Entspannung zum Anlass nehmen, die wirtschaftlichen Beziehungen mit Nordkorea nach und nach zu intensivieren. Durch die erlangte militärische Stärke wird Nordkorea die gewonnene technologische Kompetenz nutzen, die Privatwirtschaft zu entwickeln und so langsam zu einer vollwertigen Industriemacht und nach Beitritt zum Non-Profilerationsvertrag, der die Weitergabe von Atomwaffen-Know-how verbietet, zur anerkannten Atommacht aufsteigen. Je besser es wirtschaftlich Nordkorea gehen wird, umso saturierter wird es, so dass der Wunsch, den Wohlstand zu erhalten, Nordkorea immer mehr von internationalen Abenteuern abhalten wird.

Je mehr sich aber die USA aus dem Pazifikraum zurückziehen, steigt das Bedürfnis der pazifischen Staaten, die sich bisher sicher unter dem Atomschirm der USA wähnten, ihre eigenen Verteidigungsanstrengungen zu erhöhen und ebenfalls Atommacht werden zu wollen. Letzteres ist mindestens anzunehmen von Japan.

Südkorea wird seine Position ausbalancieren zwischen Nordkorea, Japan und China. Insgesamt entsteht so eine multipolare Situation in Ostasien. Zwar erfährt China zunächst einen Machtzuwachs in der Region, der aber möglicherweise, wenn China seine Macht missbrauchen sollte, zu kompensierenden Gegenkonstellationen führt. So wie das kommunistische Vietnam heute nicht unbedingt als ein Freund Chinas anzusehen ist, sondern sich auch auf die USA, seinem ehemaligen Feind, abzustützen sucht, so könnte ein saturiertes Nordkorea ebenfalls für intensivere Beziehungen mit den USA und Japan offener werden. Donald Trump könnte somit durch sein Treffen mit dem nordkoreanischen Machthaber Kim Jong-un zu einer Befriedung des ostasiatischen Raumes den Anstoß gegeben haben.

2. Der Nah- und Mittelostkonflikt und der mögliche Beitrag Donald Trumps zu deren Lösung

Der Nahe und Mittlere Osten ist ein nahezu unauflösbarer Knäuel diverser Interessen und Teilkonflikte. Fundamentale Glaubensunterschiede im Islam, insbesondere zwischen Sunniten und Schiiten, die nicht wie im Christentum *nicht von dieser Welt* sind, sondern einen Gottesstaat anstreben, werden überlagert von den nationalistischen türkischen Träumen von einem Wiederbelebung des *Osmanischen Reiches* und vom Widerstand gegen westliche Säkularisierung und gegen den Zionismus Israels.

Seit der Teilung Palästinas schwelt der Palästina-Konflikt. Tausende von Palästinensern haben das Gebiet Israels verlassen und leben in Flüchtlingslagern im Libanon, in Jordanien und im Gazastreifen. Aufgrund natürlichen Bevölkerungswachstums, hat sich in der Zwischenzeit die Zahl der Flüchtlinge von ca. 700.000 auf 5.000.000 erhöht, die davon träumen, wieder in Israel einwandern zu können, eine völlig illusionäre Erwartung, aber ein schwelendes Konfliktpotenzial.

Israel dehnt sich immer weiter mit Siedlungen in das Palästinensergebiet aus. Die Palästinenser kultivieren ihr Verfolgungstrauma bzw. terrorisieren sich im Gazastreifen, unterstützt vom Iran. Die Welt protestiert und appelliert an die Konfliktparteien, sich auf eine Zweistaatenlösung zu einigen. Ohne Erfolg.

Die Flüchtlinge und deren Nachkommen werden seit dieser Zeit international mit Milliarden und Abermilliarden wirtschaftlich unterstützt. Damit werden diese ungesunden Verhältnisse chronifiziert. Wären die Flüchtlinge nicht unterstützt worden, wäre die Not möglicherweise so groß geworden, dass tragbarere Lösungen hätten erzwungen werden können, und zwar für die Palästinenser günstigere, als es heute möglich ist, nachdem der Siedlungsbau Israels ständig ausgedehnt worden ist. Wie lange soll das noch gehen?

Was macht Donald Trump? Er anerkennt die verfahrene Situation und erhöht den Druck der Beteiligten, eine Lösung zu finden, durch Verlagerung der US-Botschaft von Tel Aviv nach Jerusalem und die Kürzung der Hilfsgelder für die Palästinenser. Würden alle übrigen Länder sich den USA anschließen und zugleich Druck auf Israel ausüben, beispielsweise dass die USA damit drohen, auch ihre finanzielle Unterstützung Israels einzufrieren, dann könnten möglicherweise Verhandlungen zur Lösung des Konfliktes erzwungen werden.

Dadurch dass Oberst Gaddafi in Libyen und Saddam Hussein im Irak gestürzt wurden, wurden die inneren Spannungen in diesen Ländern zusätzlich virulent und stürzten die Länder ins Chaos. Der *Arabische Frühling*, von dem die westliche Welt eine Demokratisierung und die Islamisten eine Islamisierung der säkularen Militärdiktaturen im Nahen Osten erhofften, endete in Ägypten mit einer Restaurierung der Militärdiktatur und führte in Libyen und Syrien zum politischen, wirtschaftlichen und militärischen Chaos.

In Syrien und dem Irak beschränken sich die USA auf die Unterstützung der relativ säkularen Kurden und die Bekämpfung des IS. Zugleich neigt Trump dazu, die Position Russlands zu übernehmen, dass das Assad Regime, so grausam es gegen Feinde vorgeht, das kleinere Übel ist gegenüber den verschiedenen islamistischen

Gruppen und somit das international anerkannte Syrien wieder restauriert werden sollte.

Eine besondere Gefahr für den Frieden im Nahen Osten wird in der Entwicklung des Iran gesehen. In langjährigen Verhandlungen ist es geglückt, den Iran von der Entwicklung einer Atombombe abzuhalten. Dennoch ist davon auszugehen, dass der Iran diese Absicht nicht aufgegeben hat und spätestens nach dem Ende dieses Vertrages 2024 damit fortfährt.

Ein wesentlicher Bestandteil moderner Militärmacht ist der Besitz von leistungsfähigen Raketen, und zwar nicht nur militärisch, sondern auch in Bezug auf Weltraumprojekte. Durch die intensive Weiterentwicklung seiner Raketen wird der Iran natürlich weiterhin als den Frieden gefährdend gefürchtet. Zudem dehnt der Iran seinen militärischen Einfluss auf Syrien, die Hisbollah im Libanon bis hin zum Jemen aus, wovon sich insbesondere Israel und Saudi-Arabien bedroht fühlen.

Was macht Trump? Er zieht die USA aus dem Atomvertrag mit dem Iran heraus, setzt die bisherigen Sanktionen wieder in Kraft und verschärft diese sogar noch. Zugleich setzt er den wirtschaftlichen riesigen amerikanischen Markt insofern als Waffe ein, als er andere Länder und Unternehmen erpresst, ihrerseits die Wirtschaftskontakte mit dem Iran abzubrechen, und so den Iran in eine Situation von höchster wirtschaftlicher Not zu bringen. Diese Not soll die Unzufriedenheit der Bevölkerung vergrößern und sie veranlassen, sich gegen ihre Regierung und ihr System zu erheben.

Nachdem Donald Trump mit den angedrohten und umgesetzten Sanktionen hoch genug gepokert hat, bietet er dem Präsidenten des Iran Verhandlungen ohne Vorbedingungen an und hofft, durch einen „Deal" das Iran-Problem zu lösen.

Ein weiterer Gefahrenherd ist die Türkei:

- die ungelöste Kurdenfrage,
- die von Präsident Erdogan befeuerten Träume von einer Wiederbelebung des Osmanischen Reiches und
- die diktatorischen Maßnahmen Präsident Erdogans gegen Opposition und vermeintliche Feinde der Türkei, denen auch ausländische Bürger zum Opfer fallen.

Erdogan hat sich durch seine Politik in vielfältiger Weise ausländische Staaten zum Gegner gemacht und ist zusätzlich wirtschaftlich geschwächt durch die hohe Verschuldung der Türkei gegenüber dem Ausland zur Finanzierung seines wirtschaftlichen Wachstums.

Da sich Donald Trump über Erdogan geärgert hat, weil er einen amerikanischen Prediger festgesetzt und Austauschvereinbarungen nicht befolgt hat, setzt er vielfältige wirtschaftliche Sanktionen gegen die Türkei in Kraft, wodurch die Türkei zusätzlich geschwächt und in eine noch kritischere wirtschaftliche Lage gebracht wird.

Der massive Einsatz von Wirtschaftssanktionen als Mittel der Außenpolitik ohne Billigung des UN-Sicherheitsrates schafft zwar eine neue außenpolitische Situation und Unsicherheit der außenpolitischen Beziehungen. Dennoch könnte Donald Trump durch seine Maßnahmen erreichen, dass die wirtschaftliche Not im Iran und in der Türkei so groß werden und auch Russland stark darunter leidet, dass der Nahostkonflikt leichter gelöst werden kann. So würde die unkonventionelle Art, wie Donald Trumps Politik macht, dennoch den Weltfrieden fördern können.

Andererseits zwingt diese Politik aber die übrigen Staaten, von den USA immer unabhängiger zu werden, indem sie sich weitgehend selbst autark machen und sich stärker aneinander anlehnen. Europa, Russland, China und Indien könnten stärker aufeinander zugehen. Die übrigen Länder, die sich auch nicht mehr auf die USA verlassen können, würden sich auf diesen neuen Wirtschaftsblock orientieren. Das chinesische Projekt Wiederbelebung der Seidenstraße könnte einen zusätzlichen Impuls erhalten.

Voraussetzung dafür wäre, dass Europa seine Vorbehalte gegen Russland zurückstellt und auf einen Kompromiss in der Ukraine-Frage drängt. Dadurch würden längerfristig die Möglichkeit der USA, die übrige Welt zu erpressen, schwinden.

Auch das Zusammenrücken der eurasischen Länder und der Wegfall der Erpressungsmöglichkeiten könnten – letztlich wiederum dank Trump – den Weltfrieden fördern.

III. Die Illusion, dass Russland die Krim an die Ukraine zurückgibt und die Sanktionen gegen Russland aufrechterhalten werden können, und der mögliche Beitrag Donald Trumps zu ihrer Überwindung

Jeder, der die politischen Gegebenheiten realistisch einschätzt, weiß, dass die Krim, die je nach Interpretation sich Russland angeschlossen hat oder von Russland annektiert wurde, nicht wieder an die Ukraine zurückgegeben wird. Trotzdem geht die Russland-Politik der westlichen Länder von der Illusion aus, dass Russland durch Sanktionen dazu gebracht werden kann. Die dazu abgegebenen Stellungnahmen der westlichen Länder suggerieren, dass Russland in aggressiver Staat ist, der sich nach dem Westen ausdehnen und ehemalige Sowjetrepubliken wieder in sein Reich einverleiben will und somit als Nächstes die baltischen Staaten, aber auch Polen gefährdet seien.

Um die russische Politik besser zu verstehen, sollen aus der europäischen Geschichte heraus die eigentlichen Motive Russlands verständlich gemacht werden, woraus zugleich noch deutlicher wird, dass Russland aus seinem eigenen Selbstverständnis die Krim nie wieder herausgeben kann.

Russland und Ukraine haben als einen gemeinsamen Ursprung die Kiewer Rus. Wikipedia schreibt: >>Die Kiewer Rus (…[3]) war ein mittelalterliches Großreich, das als Vorläuferstaat der heutigen Staaten Russland, Ukraine und Weißrussland angesehen wird. Der Ausdruck kann auch als Bezeichnung der Epoche in der Geschichte der Rus verstanden werden, in der Kiew als Großfürstensitz das politische und kulturelle Zentrum der Rurikiden-Dynastie war. <<[4]

>>Die modernere russische und weißrussische Wissenschaft tendiert dazu, den Sammelbegriff Altrussischer Staat (Древнерусское государство) zu verwenden.

---

[3] Erich Donnert: *Das Kiewer Russland: Kultur und Geistesleben vom 9. bis zum beginnenden 13. Jahrhundert.* Urania-Verlag, 1983
[4] https://de.wikipedia.org/wiki/Kiewer_Rus

Der Grund dafür ist, dass der Begriff „Kiewer Rus" den Beginn der Staatlichkeit in Nowgorod unter Rurik vor der Verlegung der Hauptstadt nach Kiew im Jahre 882 traditionell zwar mitumfasst, aber vom Namen her nicht berücksichtigt. << [5]

>>Durch den hauptsächlich auf Konstantinopel ausgerichteten Handel kam es, trotz anfänglicher Eroberungsversuche seitens der Rus, zu engen Kontakten mit Byzanz, die zur christlichen Missionierung und schließlich im Jahre 988 in der Herrschaftszeit Wladimirs des Heiligen zum Übertritt der Rus zum orthodoxen Glauben führten.<< [6]

>>Aufgrund der politischen Zersplitterung erlag das altrussische Reich in den Jahren 1237 bis 1240 der Invasion der Mongolen, die die Rus ihrem Reich der Goldenen Horde tributpflichtig machten. Der nordöstliche Teil der Rus (Fürstentum Wladimir-Susdal, Rjasan, Twer) blieb bis 1480 unter ihrer Herrschaft, während südwestliche Gebiete und Galizien-Wolhynien in Folge der Schlacht am Irpen (1321) und der Schlacht am Blauen Wasser (1362) unter die Herrschaft des Großfürstentums Litauen kamen, das später mit Polen eine gemeinsame Republik Polen-Litauen bildete. Gebiete der heutigen Ukraine gelangten hierbei ab dem 16. Jahrhundert in den polnischen Herrschaftsbereich. Im Osten wurde aus dem Fürstentum Wladimir-Susdal das Großfürstentum Moskau, das nach und nach alle russischen Nachbarfürstentümer um sich konsolidierte und schließlich das tatarische Khanat Kasan unterwarf. Die Ukraine wurde durch dessen Ausdehnung zum russisch-polnischen Rivalitätsgebiet und Grenzland. Im Schwarzmeergebiet hielt noch lange die Herrschaft des Krimkhanats unter osmanischer Oberhoheit an, bis die Krim im 18. Jahrhundert vom Russischen Kaiserreich annektiert wurde. << [7]

>>Rechtliche Diskriminierung, wirtschaftliche Ausbeutung und religiöser Druck auf die orthodoxe Bevölkerung der südwestlichen Rus seitens der polnischen Krone und der polnischen Magnaten führten immer wieder zu blutigen Aufständen gegen die polnische Herrschaft, die von der oktroyierten Kirchenunion von Brest 1596 weiter angefeuert wurden. Im Jahre 1648 befreite sich die Ukraine in einem Volksaufstand unter Führung des Kosakenhetmans Bohdan Chmelnyzkyj von der Herrschaft Polens und die Saporoger Kosaken begründeten einen unabhängigen Staat, das Hetmanat. 1654 unterstellten sich die Kosaken im Vertrag von Perejaslaw der Oberherrschaft des Moskauer Zaren, und in der Folge kam die Linksufrige Ukraine (in Bezug auf den Fluss Dnepr) mit Kiew unter russische Herrschaft. << [8]

Erst >>nach der russischen Februarrevolution 1917 [Anm. U.P.: also fast 300 Jahre später] und während der deutschen und österreichischen Besatzung am Ende des Ersten Weltkrieges entstanden kurzlebige ukrainische Nationalstaaten, die Ukrainische Volksrepublik und Westukrainische Volksrepublik. Am 22. Januar 1919 wurde die Vereinigung der beiden Volksrepubliken beschlossen. Das Gebiet der West-Ukrainischen Volksrepublik wurde jedoch auch von Polen beansprucht und im Rahmen des Polnisch-Ukrainischen Krieges bis Juli 1919 vollständig besetzt; jedoch wurden im Polnisch-Sowjetischen Krieg die polnischen Truppen kurz darauf zu-

---

[5] a. O.
[6] a. O.
[7] https://de.wikipedia.org/wiki/Ukraine
[8] a. O.

rückgedrängt. In der Folge fielen die westukrainischen Gebiete an Polen, Rumänien und die Tschechoslowakei, die Zentral- Ost- und Südukraine an die Russische Sowjetrepublik. …

Im Verlauf des sehr wechselvollen und blutigen Russischen Bürgerkriegs wurden die meisten Gebiete der Ukraine von der Roten Armee erobert und unter Trotzki Sowjetrussland angeschlossen. Mit der Gründung der Sowjetunion im Dezember 1922 wurde die Ukrainische SSR begründet.<< [9]

>>Nach dem Krieg war erstmals die gesamte Ukraine in einem Staat, der Sowjetunion, vereint. Im Jahr 1954 wurde anlässlich des 300-jährigen Jubiläums der Vereinbarung von Perejaslaw die Halbinsel Krim aus der Russischen in die Ukrainische Sowjetrepublik überführt. << [10]

>>Der 300. Jahrestag wurde in der UdSSR mit monatelangen Feierlichkeiten begangen, in deren Rahmen die Ukrainische SSR die Halbinsel Krim von Chruschtschow geschenkt bekam – ein Geschenk, das bis heute für Spannungen sorgt. Man betonte die „unverbrüchliche Freundschaft" der beiden „Brudervölker", die mit Perejaslaw „auf ewig" verbunden seien, die Progressivität des Ereignisses und das angebliche Streben nicht nur Chmelnyzkyjs, sondern des ganzen ukrainischen Volkes nach Wiedervereinigung mit Russland. << [11]

>>Nikita Chruschtschow stammte aus einer westrussischen Bauernfamilie, die 1908 in das Donezbecken in der Ukraine übersiedelte, seinerzeit das wichtigste Steinkohlen- und Industriegebiet des Russischen Reichs<< [12], und begann seine politische Karriere in der Ukraine.

>>Mit der Auflösung der Sowjetunion erlangte die Ukraine im Dezember 1991 nach einem Referendum mit 90,3 % Zustimmung ihre staatliche Unabhängigkeit. Seither sucht sie ihre nationale Identität und ihre internationale Rolle zwischen einer westlichen Orientierung, beispielsweise einer Integration in die Europäische Union, und einer östlichen Orientierung, d. h. einer politischen Orientierung zu Russland hin. << [13]

Der Zusammenbruch der Sowjetunion lähmte zunächst das osteuropäische Selbst- und Gesellschaftsverständnis. Alles Heil wurde vom Westen erwartet, und entsprechend versuchte der Westen, sein Welt- und Gesellschaftsbild auch auf die osteuropäischen Länder und Russland auszudehnen. Die Folge war zunächst ein noch stärkerer Zusammenbruch der Wirtschaft und ein Auseinanderbrechen der Sowjetunion in verschiedene Länder mit mehr oder weniger autokratischen Regimen, geführt durch ehemalige Parteisekretäre der KPDSU. Auch Russland selbst drohte, zu zerfallen in lauter selbstbestimmte autonome Teilrepubliken mit zum Teil islamistischen Tendenzen.

Natürlich ist Wladimir Putin kein „lupenreiner Demokrat". Doch hätte ein solcher verhindern können, dass die Russische Föderation in einem Chaos und wirtschaftlicher Not endet? Es ist Putin gelungen, den Zerfall Prozess aufzuhalten und umzudrehen und heute Russland wieder zu einem selbstbewussten Faktor der inter-

---

[9] a. O.
[10] https://de.wikipedia.org/wiki/Ukraine
[11] https://de.wikipedia.org/wiki/Vertrag_von_Perejaslaw
[12] https://de.wikipedia.org/wiki/Nikita_Sergejewitsch_Chruschtschow
[13] https://de.wikipedia.org/wiki/Ukraine

nationalen Politik zu machen. Aber je mehr ihm dies gelang, wurde Russland vom Westen nicht mehr als Spielwiese für die Verwirklichung westlicher Gesellschafts- und Wirtschaftsordnung, ja nicht einmal als gleichwertiger Partner, sondern wieder als eine Bedrohung wahrgenommen.

Obwohl Russland nach der Wiedervereinigung Deutschlands und dem Ende Kalten Krieges davon ausgehen konnte, dass die osteuropäischen Länder nicht in die Westeuropäische Union und NATO aufgenommen werden und die NATO nicht bis an die Grenzen Russlands heranrückt, geschah genau dieses.

Ein wesentlicher Bestandteil für die Beendigung des Kalten Krieges war der Vertrag über konventionelle Streitkräfte in Europa, der am 19.11.1990 von den Ländern: Belgien, Bulgarien, Dänemark, Deutschland, Frankreich, Griechenland, Island, Italien, Kanada, Luxemburg, Niederlande, Norwegen, Polen, Portugal, Rumänien, Spanien, Tschechoslowakei, Türkei, die Ungarn, Sowjetunion, Großbritannien und USA unterzeichnet wurde. >> Während eines Gipfeltreffens der Organisation für Sicherheit und Zusammenarbeit in Europa (OSZE) in Istanbul beschlossen die KSE-Vertragspartner am 19. November 1999 schließlich ein Übereinkommen über die Anpassung des KSE-Vertrages (A-KSE). <<[14]

Die Enttäuschung über die mangelnde Umsetzung dieses Vertrages drückte Vladimir Putin auf der Sicherheitskonferenz in München 2007 so aus: >> Der adaptierte Vertrag über die konventionellen Streitkräfte in Europa wurde 1999 unterzeichnet. Er berücksichtigte die neue geopolitische Realität – die Liquidierung des Warschauer Paktes. Seither sind sieben Jahre vergangen, und nur vier Staaten haben dieses Dokument ratifiziert, darunter die Russische Föderation.

Die NATO-Länder haben offen erklärt, dass sie den Vertrag, einschließlich der Festlegungen über Begrenzungen bei der Stationierung einer bestimmten Stärke von Streitkräften an den Flanken, so lange nicht ratifizieren werden, bis Russland seine Basen in Moldawien und Georgien schließt. Aus Georgien ziehen unsere Truppen ab, sogar im Eiltempo. Diese Probleme haben wir mit unseren georgischen Kollegen geklärt, wie allen bekannt sein dürfte. In Moldawien verbleibt eine Gruppierung von anderthalb Tausend Wehrpflichtigen, die friedensfördernde Aufgaben erfüllen und Munitionslager bewachen, die noch aus Zeiten der UdSSR übriggeblieben sind. Wir sind ständig im Gespräch mit Herrn Solana über diese Probleme und er kennt unsere Position. Wir sind bereit, auch weiterhin in dieser Richtung zu arbeiten.

Aber was geschieht zur selben Zeit? In Bulgarien und Rumänien entstehen so genannte leichte amerikanische Vorposten-Basen mit jeweils 5000 Mann. Das bedeutet, dass die NATO ihre Stoßkräfte immer dichter an unsere Staatsgrenzen heranbringt, und wir, die wir uns streng an den Vertrag halten, in keiner Weise auf dieses Vorgehen reagieren.

Ich denke, es ist offensichtlich, dass der Prozess der NATO-Erweiterung keinerlei Bezug zur Modernisierung der Allianz selbst oder zur Gewährleistung der Sicherheit in Europa hat. Im Gegenteil, das ist ein provozierender Faktor, der das Niveau des gegenseitigen Vertrauens senkt. Nun haben wir das Recht zu fragen: Gegen wen richtet sich diese Erweiterung? Und was ist aus jenen Versicherungen geworden, die uns die westlichen Partner nach dem Zerfall des Warschauer Vertrages ge-

---

[14] https://sicherheitspolitik.bpb.de/m7/articles/m7-06

geben haben? Wo sind jetzt diese Erklärungen? An sie erinnert man sich nicht einmal mehr. Doch ich erlaube mir, vor diesem Auditorium daran zu erinnern, was gesagt w**urde.** Ich möchte ein Zitat von einem Auftritt des Generalsekretärs der NATO, Herrn Wörner, am 17. Mai 1990 in Brüssel bringen. Damals sagte er: „Schon der Fakt, dass wir bereit sind, die NATO-Streitkräfte nicht hinter den Grenzen der BRD zu stationieren, gibt der Sowjetunion feste Sicherheitsgarantien." Wo sind diese Garantien?

Die Steine und Betonblocks der Berliner Mauer sind schon längst zu Souvenirs geworden. Aber man darf nicht vergessen, dass ihr Fall auch möglich wurde dank der historischen Wahl, auch unseres Volkes, des Volkes Russlands, eine Wahl zugunsten der Demokratie und Freiheit, der Offenheit und echten Partnerschaft mit allen Mitgliedern der großen europäischen Familie.

Jetzt versucht man, uns schon wieder neue Teilungslinien und Mauern aufzudrängen –wenn auch virtuelle, trotzdem trennende, die unseren gesamten Kontinent teilen. Soll es nun etwa wieder viele Jahre und Jahrzehnte dauern und den Wechsel von einigen Politiker-Generationen, um diese neuen Mauern zu „demontieren"? <<[15]

Zunächst glaubte Russland noch, im Zuge der Entspannung als gleichwertiges Mitglied westeuropäischer Organisationen respektiert zu werden. Diese Hoffnung zerstob spätestens, als in Osteuropa antiballistische Abwehrsysteme errichtet werden sollten. Der Westen behauptete zwar, dass diese Raketen aus dem Mittleren und Fernen Osten abfangen sollen. Russland wurde aber nicht an diesem System beteiligt, und der russische Vorschlag diese Stationen dann auf russischem Gebiet zu installieren, wurde abgelehnt.

Auf der Sicherheitskonferenz 2007 in München sagte Wladimir Putin dazu: >> Uns beunruhigen auch Pläne zum Aufbau von Elementen eines Raketenabwehrsystems in Europa. Wer braucht eine neue Runde eines in diesem Falle unausweichlichen Wettrüstens? Ich zweifele zutiefst daran, dass es die Europäer selbst sind.

Über Raketenwaffen, die, um tatsächlich Europa gefährden zu können, eine Reichweite von 5000 – 8000 Kilometern haben müssen, verfügt keines dieser so genannten „Problemländer". Und in der absehbaren Zukunft werden sie auch keine haben, nicht einmal die Aussicht darauf. Selbst der hypothetische Start einer nordkoreanischen Rakete in Richtung des Territoriums der USA über Westeuropa hinweg, widerspricht allen Gesetzen der Ballistik. Wie man bei uns in Russland sagt, ist das so, „wie wenn man sich mit der linken Hand am rechten Ohr kratzt". <<[16]

Es versteht sich, dass aufgrund dieser Erfahrungen Russland auch wiederum an seine eigene Sicherheit denken musste und zunehmend empfindlich reagierte bei jedem Akt, mit dem sich die Europäische Union und die NATO an seine Grenzen heranschoben und ehemalige Sowjetrepubliken in ihr System einbezogen.

Russland wusste, dass kein Land in die NATO aufgenommen werden kann, dass interne Konflikte hat und unterstützte deswegen, als Georgien 1992 diese Länder gewaltsam integrieren wollte, Abchasien und Südossetien bei ihren Unabhängigkeitsbestrebungen von Georgien, auch militärisch. Russland akzeptierte aber nicht den Wunsch dieser Länder, Teilrepubliken der Russischen Föderation zu werden.

---

[15] http://www.ag-friedensforschung.de/themen/Sicherheitskonferenz/2007-putin-dt.html
[16] ww.ag-friedensforschung.de/themen/Sicherheitskonferenz/2007-putin-dt.html

Somit waren sie faktisch unabhängig, dem georgischen Anspruche nach aber ein Teil Georgiens, und dieser schwelende Konflikt machte es unmöglich, Georgien in die NATO aufzunehmen.

Aus der dargelegten gemeinsamen Geschichte musste Russland besonders empfindlich auf Bestrebungen reagieren, die die Ukrainer in die Europäische Union und in die NATO geführt hätten.

Die Ukraine hatte zwar einen gemeinsamen Ursprung mit Russland, aber zugleich viele Einflüsse aus Polen und Litauen. So ist die ukrainische Gesellschaft in sich gespalten. Der westliche Teil ist überwiegend katholisch oder ukrainisch-orthodox bzw. autokephal orthodox, spricht ukrainisch und tendiert eher zum Westen, der östliche Teil überwiegend russisch-orthodox und tendiert eher zu Russland.

>>Russische Muttersprachler bilden in der Autonomen Republik Krim und in Sewastopol mit 77,0 % bzw. 90,6 % die Sprachenmehrheit. Viele russische Muttersprachler auf der Krim sind ethnische Ukrainer und Angehörige anderer Minderheiten. In der Oblast Donezk und in der Oblast Luhansk beträgt der russische Muttersprachleranteil 74,9 % bzw. 68,8 %.<<[17]

---

[17] https://de.wikipedia.org/wiki/Ukraine

>>Ein nicht-staatlicher Bericht ergab Januar 2010 folgende Verteilung: [18]<< [19]

Bezirke	Orthodoxe				Katholisch			Protest.
		Moskauer Patriarch	Kiewer Patriarch	Autokephale[20]		Griech. kathol.	Röm. kathol.	
Westliche	%	%	%	%	%	%	%	%
Lwiw	31,3	2,1	16,0	13,2	57,6	53,0	4,6	6,8
Iwano-Frankiwsk	35,7	2,3	22,4	11,1	53,4	50,9	2,4	5,2
Ternopil	37,9	7,2	14,0	16,8	51,1	46,2	4,9	8,1
Östliche								
Donezk	47,3	40,9	4,9	0,3	2,8	1,9	0,9	29,8
Charkiw	49,3	44,2	2,5	1,6	1,7	0,9	0,9	29,2
Luhansk	56,1	50,7	3,6	0,8	0,5	0,4	0,1	25,3
Krim	42,4	38,0	2,9	0,7	1,7	0,7	1,0	16,9
Stadt Swastopol	49,1	44,8	1,7	0,9	3,4	2,6	0,9	25,9
Ukraine	54,6	36,9	13,3	3,8	14,4	11,5	2,9	19,8

Zudem wurde unter Wiktor Juschtschenko >>eine aktive Ukrainisierungspolitik betrieben; so wurden etwa das Russische in Schulen und im Alltag zurückgedrängt und zahlreiche Maßnahmen eingeführt, die den Gebrauch der ukrainischen Sprache fördern sollten. Der 2010 gewählte Präsident Janukowytsch hob jedoch zahlreiche dieser Maßnahmen wieder auf, wogegen die Opposition um Julija Tymoschenko vehement protestierte. << [21]

Als Vladimir Putins Angebote auf Vergünstigungen von Sonderenergiepreisen bis hin zu hohen Krediten an die Ukraine nichts fruchteten und die Ukraine sich quasi in einem Staatsstreich gegen den amtierenden Präsidenten Janukowytsch als Folge der Maidan-Proteste dem Westen zugewandte, konnte Putin diese Entwick-

---

[18] Bericht über registrierte Religiöse Gemeinden, durchgeführt vom "Institute for Religious Freedom" (IRF), einer Nichtregierungsorganisation; Stand: 1. Januar 2010

[19] Quellle: https://de.wikipedia.org/wiki/Religionen_in_der_Ukraine

[20] >>Nach der Ausrufung des ersten unabhängigen ukrainischen Staates am 25. Januar 1918, der Ukrainischen Volksrepublik, versuchten ukrainische Geistliche, die staatliche Unabhängigkeit mit der Gründung einer autokephalen orthodoxen Kirche zu untermauern. ... 1937 hörte sie zu bestehen auf. ... Nach der deutschen Besetzung im Zweiten Weltkrieg wurde im Generalgouvernement zum zweiten Mal eine autokephale ukrainische Kirche gegründet. ... Vor dem Vormarsch der Roten Armee floh die Hierarchie der Kirche 1944 ausnahmslos nach Westen, in der Ukrainischen SSR blieb sie verboten. ... Ausgangspunkt war diesmal die Polnische Orthodoxe Kirche, der 1924 der Autokephaliestatus vom Patriarchen von Konstantinopel verliehen wurde. Sie reorganisierte sich jedoch in der Emigration, zunächst in Deutschland, dann in den USA und Kanada. 1946 gab es in Deutschland 80 Gemeinden. In den 1950er Jahren sind viele Ukrainer nach USA, Kanada, Australien, Südamerika und andere Länder Westeuropas ausgewandert. In diesen Ländern wurden Ukrainische Orthodoxe Kirchengemeinden gegründet. ... 1990 wurde die Ukrainische Autokephale Orthodoxe Kirche offiziell auch in der Ukraine wieder gegründet und vereinigte sich mit den ausländischen Eparchien. Oberhaupt wurde Patriarch Mstyslav (Skrypnyk) aus den USA. ... 1995 lösten sich die Eparchien in den USA, Westeuropa und Australien von der ukrainischen Kirche und bildeten eigene Kirchen. ... Seit 2015 hat die Kirche keinen leitenden Metropoliten mehr. <<
https://de.wikipedia.org/wiki/Ukrainische_Autokephale_Orthodoxe_Kirche

[21] https://de.wikipedia.org/wiki/Ukraine

lung nur noch dadurch verhindern, dass er wie vorher in Georgien die Unzufrieden-heit der Russland-orientierten Bevölkerung gegen die Ukrainisierungsmaßnahmen unterstützte. So kam es zu den blutigen Konflikten im Ostteil der Ukraine.

Obwohl überwiegend russisch sprachlich und russisch-orthodox war die Krim anlässlich des 300-jährigen Jubiläums der Vereinbarung von Perejaslaw gleichsam als Pfand unverbrüchlicher Gemeinsamkeit zwischen Russland und der Ukraine von Chruschtschow der Ukraine geschenkt worden. Durch die Abwendung der Ukraine von Russland entfiel die Grundlage für dieses Geschenk. Zugleich musste Russland befürchten, dass es seine Schwarzmeerflotte auch noch aus Sewastopol hätte abzie-hen müssen. So kam es zu der Einverleibung der Krim nach Russland.

Aus den bisherigen Erörterungen dürfte klar geworden sein, dass Russland nicht die Ukraine, ja nicht einmal das aufständische Donetzgebiet annektieren will. Viel-mehr will Russland verhindern, dass die Ukraine in die westlichen Allianzen einge-gliedert und die Ukraine zum Aufmarschgebiet der NATO wird. Eine Lösung könn-te deshalb nur eine Neutralisierung der Ukraine sein, eine Position, die als Brücke zwischen Ost und West wirtschaftspolitisch interessante Perspektiven eröffnen wür-de. Die Krim ist für die Ukraine dagegen verloren.

Solange dies nicht erkannt wird und die westlichen Länder weiterhin versuchen, durch Sanktionen auch noch die Rückgabe der Krim erzwingen zu wollen, blockie-ren die euroeuropäischen Länder ihre eigene Politik, den wirtschaftlichen Austausch mit Russland und muss die ukrainische Bevölkerung weiterhin leiden.

Obwohl die USA zu den stärksten Russlandfeinden zählen, zwingen die durch Donald Trump ausgelösten Beeinträchtigungen der freien Wirtschaftsbeziehungen und die zunehmende Entfremdung zwischen Europa und den USA die Europäer dazu, die Beziehungen zu Russland zu intensivieren. Donald Trump ist jedoch emo-tional und möglicherweise auch privatwirtschaftlich an Russland gebunden. So könnte er auch entgegen der vorherrschenden amerikanischen Russlandphobie eine Lockerung der Sanktionen anordnen und damit zusätzlich die westlichen Länder zwingen, die Beziehung zu Russland zu normalisieren.

IV. Die Illusion, dass eine freizügige Aufnahme von Flüchtlingen möglich ist und der Beitrag rechtsradikaler und linksradikaler Trumpisten zur Überwindung dieser Illusion

Im Prinzip sind alle zu loben, die auf andere Menschen und somit auch auf Flücht-linge liebevoll zugehen, und zu tadeln, die ethnische Dünkel pflegen und fremden-feindlich sind. Aber Prinzipien sind starr und können auch nur *im Prinzip* Handlun-gen bestimmen und, wie dargelegt, auch zu Illusionen führen.

Denn bei Flüchtlingen, die in andere Länder einströmen, kann es zu vielfältigen Problemen kommen, unter anderem, wenn

1. die aufnehmenden Menschen nicht liebevoll sein *wollen*. An sich kann zwar davon ausgegangen werden, dass die Mehrheit der Menschen für die Not anderer offen ist. Diese Offenheit kann aber in Ablehnung, ja sogar Hass umschlagen, wenn
2. die Fremden ihre eigenen Verhaltensweisen geltend machen, womit sie bei den Einheimischen Anstoß erregen, als da sind:
   - Verschleierung des Gesichtes,
   - Diskriminierung von Frauen, Ablehnung weiblicher Lehrer, Ärzte und Betreuer,
   - andere Vorstellung von Reinhaltung und anderen Formen des Zusammenlebens,
   - Aggressivität oder gar potentieller Terrorismus.
3. die Flüchtlinge staatlich besser unterstützt werden, als bedürftige Einheimische,
4. die Zahl der Flüchtlinge so groß wird, dass sie als Überfremdung der gewohnten Heimat empfunden werden,
5. der Staat nicht willens oder überfordert ist, die Flüchtlinge ordnungsgemäß zu registrieren und zu integrieren, die Sicherheit der Menschen zu gewährleisten und kleinere Gemeinden mit den dort entstehenden Problemen allein lässt, wie es leider auch in Deutschland der Fall war.

Die Toleranzschwelle ist in den größeren Industriestädten relativ hoch und in den kleineren Gemeinden mit relativ einheitlichen traditionellen Lebensformen relativ gering. Wird die Toleranzschwelle überschritten, dann kommt es zu Widerständen der heimischen Bevölkerung, die wieder zu zusätzlicher Aggressivität der Flüchtlinge führen kann.

In Europa und selbst in den relativ offenen Gesellschaften Nordeuropas ist die Toleranzschwelle offensichtlich mehr und mehr überschritten. Die Folge ist, dass das Vertrauen in die etablierten Mächte schwindet und populistische rechts- und linksradikale Parteien Zulauf erhalten.

Auch in diesem Fall können Trumps notwendig sein, um die Probleme in den Griff zu bekommen. So wurde der ungarische Ministerpräsident, Viktor Orbán, zunächst gescholten, als er die ungarische Grenze mit einem Stacheldraht bewehrte. Italienischen Politikern wird vorgeworfen, Rettungsaktionen im Mittelmeer zu behindern, obwohl jeder weiß, dass wenn die vielfältigen schrecklichen Gefahren auf dem Wege durch Afrika und über das Mittelmeer nicht wären und nicht so viele Unglücke entstehen würden, der Flüchtlingsstrom und entsprechend die Destabilisierung der europäischen Länder noch größer wäre.

Das Erstarken von rechts- und linksradikalen Parteien ist wie eine Krankheit ein Weckruf, dass der praktizierte Umgang mit Flüchtlingen nicht angemessen ist und zur Zerstörung der eigenen Gesellschaft führt und damit auch letztlich den Flüchtlingen nicht hilft.

V. Die Illusion, dass der allgemeine Wohlstand durch immer weitere Liberalisierung des Welthandels gefördert wird, ihre Folgen und der Beitrag Donald Trumps zur ihrer Überwindung

Zu den fundamentalen Grundüberzeugungen der Marktwirtschaftslehre gehört es, dass der internationale Handel den Lebensstandard der Völker erhöht. Wenn jedes Land sich auf die Produktion der Güter spezialisiert, die es im Verhältnis zu den anderen Ländern billiger herstellen kann, dann sollen alle Länder davon profitieren.

Der Vorteil des internationalen Handels gilt jedoch nur dann, wenn die Produktionsverhältnisse der beteiligten Länder naturbedingt sind, also beispielsweise Bernstein von der Ostsee gegen Bananen in Südamerika getauscht würde. Denn Bernstein wird voraussichtlich in Südamerika kaum gefunden und Bananen könnten an der Ostsee nur sehr aufwendig in Gewächshäusern gezüchtet werden. Auch werden beide Handelspartner davon profitieren, wenn beispielsweise Island mit billiger Thermalenergie Aluminium produziert und gegen Wein aus Italien tauscht.

Der Vorteil, den die einzelnen Länder aus dem internationalen Handel ziehen, relativiert sich jedoch, wenn die Produktionsverhältnisse in den verschiedenen Ländern unterschiedlich sind. So hat Großbritannien beim Export von Tuchen im Austausch zu Rohstoffen bereits mehr profitiert, als die anderen Handelspartner. Dabei kann man nicht davon ausgehen, dass die natürlichen Produktionsverhältnisse in Großbritannien für die Herstellung von Tuchen günstiger waren, als in anderen Ländern. Sie waren nur deswegen günstiger, weil das technische Know-how in Großbritannien weiterentwickelt war.

Dieser Produktionsvorteil Großbritanniens und letztlich aller Industrieländer erhöht sich im Laufe der wirschaftlichen Entwicklung relativ zu den Handelspartnern mit geringerem technischen Fortschritt immer mehr, weil die daraus gezogenen Gewinne die Industrialisierung weiter fördern können und das technische Know-how die Basis bietet für weitere Innovationen. Selbst die Agrarwirtschaft profitierte von dem technischen Fortschritt. Heute können viele Agrarprodukte in den Industrieländern günstiger hergestellt werden als in Entwicklungsländern und der Verkauf dorthin die dort heimische Industrie zerstören.

Um die technologisch höherwertigen Anlagen bedienen zu können, steigt gleichzeitig das Ausbildungsniveau in den Industrieländern. Immer diversifiziertere Qualifikationen werden ausgebildet. Das für die Entwicklung der Produktionsmittel notwendige säkulare Wissen führt darüber hinaus zu einer stärkeren Individualisierung der Menschen, eine Vorbedingung für demokratische Staatsordnungen.

In den weniger entwickelten Ländern verharren die Menschen dagegen auf einem niedrigen Bildungsstandard und archaischen Stammes- und Familienverhältnissen. Sofern in den Entwicklungsländern auch Arbeitskräfte mit höherer Qualifikation ausgebildet werden, finden sie heute noch nicht genügend Arbeitsplätze und versuchen, in die Industrieländer abzuwandern. So kann sich eine relative zurückbleibende Zivilisation erhalten. Zugleich wachsen aber damit die potentiellen Wanderbewegungen in die Industrieländer.

Im internationalen Handel vollzieht sich die gleiche Entwicklung, wie wir sie auch in der unterschiedlichen Entwicklung von Stadt und Land und der daraus resultierenden Landflucht kennen. Industrie und Dienstleistungen ballen sich in den Städten. Eine Verwahrlosung der Dörfer kann nur durch erhebliche Infrastrukturzuweisungen und Agrarhilfen verhindert werden.

Auch im europäischen Rahmen profitieren die Industrieländer entsprechend mehr als die eher Agrarprodukte herstellenden südeuropäischen Länder. Deswegen kann die *Europäische Union* zerbrechen, wenn die Industrieländer ihren relativen Vorteil nicht anerkennen und nicht bereit sind, in weit größerem Umfang ihre finanziellen Vorteile mit den übrigen europäischen Ländern zu teilen.

Die Handels-, Logistik-, Versicherungs- und sonstigen Dienstleistungskompetenzen konzentrieren sich auch bei den industrialisierten Ländern, und da im Handel und mit Dienstleistungen weit mehr verdient wird, als an der eigentlichen Produktion, beschleunigt sich die ungleiche wirtschaftliche Entwicklung im Rahmen von internationalen Handelsbeziehungen.

Wie die Konzentrierung von Handelsunternehmen, Logistik- und sonstiger Dienstleistungsunternehmen in einzelnen Ländern das internationale Gleichgewicht stören kann, erleben wir bei Unternehmen wie Google, Facebook und Amazon heute in den Industrieländern auch selbst. Die daraus resultierenden Probleme können auch nicht mit dem einfachen Glauben an möglichst ungehindertem Handel gelöst werden. In Bezug auf die Entwicklungsländer hätte diese Problematik viel früher erkannt werden müssen.

Sofern es überhaupt in den Entwicklungsländern zu einer Verbesserung der Produktionsverhältnisse und Industrialisierung kommt, müssen Unternehmer aus den Industrieländern dort investieren mit der Folge, dass sie auch Unternehmer und Kapitalgeber in den Entwicklungs-ländern selbst werden, aber dann auch dort wiederum überproportional an den generierten Einkommen partizipieren.

Heute findet jedoch eine gewisse Industrialisierung insofern statt, als lohnintensive Produktionen unter Ausnutzung der billigeren Arbeitskräfte in den Entwicklungsländern dorthin verlagert werden. Aber abgesehen davon, dass auch bei Lohnfertigungen der größere Anteil der Erträge an die westlichen Industrieländer geht, die die Lohnfertigung nutzen, war diese Entwicklung im Wesentlichen auch erst die Folge davon, dass Länder mit einem attraktiven eigenen Markt die Unternehmer der Industrieländer durch Zollschranken zwangen, im Land selbst zu fertigen.

Noch größer war der Industrialisierungseffekt für die Entwicklungsländer, wenn sie zugleich verlangten, dass heimische Unternehmer an den Fertigungsbetrieben in den Entwicklungsländern beteiligt werden müssen, so dass Unternehmens- und technisches Know-how von Unternehmen in den Entwicklungsländern selbst erworben werden konnte und sie auch stärker an den Gewinnen partizipierten und somit auch selbst investieren konnten.

Ohne diese Restriktionen des internationalen Handels – und das beweist bereits, dass die naive These, dass internationaler Handel in jedem Fall für alle Partner günstig ist, nur bedingt zutrifft – hätten sich die heutigen Schwellenländer nicht so rasant entwickeln können.

Nach den Grundsätzen des internationalen freien Marktes soll der internationale Warenaustausch auch durch möglichst niedrige Zölle gefördert werden. Wir haben gesehen, dass die Schwellenländer nur insoweit den Anschluss an die industrielle

Entwicklung bekamen, wie sie genau gegen diesen Grundsatz verstießen, d.h. Unternehmer aus Industrieländern zwangen, im Land zu produzieren und die heimische Wirtschaft daran teilhaben zu lassen.

Für die Industrieländer führten die allgemeinen Zollsenkungen dazu, dass die weniger qualifizierten Arbeitskräfte immer mehr mit Arbeitskräften aus den Entwicklungsländern konkurrieren mussten, obwohl sie nach den Lebensbedingungen der Industrieländer selbst mit so niedrigen Löhnen gar nicht leben können, was dann in Deutschland durch Aufstockerprämien im Rahmen von Hartz IV ausgeglichen wird. So entwickelten sich zunehmend prekäre Arbeitsverhältnisse bis hin zur Arbeitslosigkeit.

Die oberen Einkommensbezieher und diejenigen, die zusätzliche Erträge aus Vermögen erwirtschaften, können ständig weiteres Vermögen erwerben, während die unteren Einkommensschichten über keine Vermögenserträge verfügen und aus ihren Gehältern auch kein Vermögen bilden können. Eine zunehmende relative Verarmung der unteren Einkommensbezieher und entsprechend eine sich verschärfende Spaltung der Gesellschaft ist die Folge.

Die nicht zuletzt durch die ungleiche Vermögens- und Einkommensverteilung bedingten hohen volkswirtschaftlichen Ersparnisse – und das heißt zugleich entsprechend geringere Konsumnachfrage – lässt das Sparkapital, soweit es noch realwirtschaftlich investiert wird und nicht nur auf dem Kapitalmarkt Kurssteigerungen befeuert und/oder verbrannt wird, bevorzugt in Rationalisierungsinvestitionen fließen. Dadurch aber, noch gefördert durch die Digitalisierung der Produktionsabläufe, werden die tendenzielle Arbeitslosigkeit und prekären Arbeitsverhältnisse zusätzlich weiter steigen.

Rationierungsinvestitionen verwandeln Lohnkosten in Kapitaleinkünften. Soweit die Rationierungsgewinne wettbewerbsbedingt nicht durch Preissenkungen an die Konsumenten weitergegeben werden, verschärfen Rationalisierungsinvestitionen somit die zumindest relative Verarmung der unteren Einkommensbezieher. Es ist deshalb verständlich, dass alle Wachstumserfolge der vergangenen 20 Jahre fast ausschließlich den Unternehmern, Kapitalgebern und Höherqualifizierten zugeflossen sind.

Je niedriger die Einkommenszölle und nichttarifären Handelshemmnisse sind, umso mehr werden Rationalisierungsmöglichkeiten begünstigt, so dass, wenn tatsächlich durch verstärkten internationalen Handel wirtschaftliches Wachstum generiert wird, dieses wiederum fast ausschließlich den Kapitaleignern, Unternehmern und Höherqualifizierten zufließt, während die unteren Einkommensschichten dadurch benachteiligt werden. Das heißt: selbst wirtschaftliches Wachstum durch internationalen Handel ist nicht unbedingt gleichbedeutend mit Steigerung des allgemeinen wirtschaftlichen Wohlstands.

Während die unteren Einkommensbezieher in den Entwicklungs- und Schwellenländern durch die Prozessverlagerungen und zusätzliche Industrialisierung ihrer Länder eher profitieren, verschärfen sich durch zunehmende Arbeitslosigkeit und prekäre Arbeitsverhältnisse die gesellschaftlichen Spannungen in den Industrieländern und machen diese empfänglich für alternative wirtschaftspolitische Vorgehensweisen, wie sie Donald Trump in den USA verfolgt.

Gegen den wütenden Protest der herrschenden neoliberalen Wirtschaftstheorie und der übrigen Industrieländer will der derzeitige US-Präsident Donald Trump durch Zollerhöhungen lohnintensive Fertigungskapazitäten wieder in die USA zurückholen und Unternehmer aus anderen Ländern zwingen, in den USA selbst zu fertigen.

Es ist dies gleichsam ein Gegenentwurf zu den Entwicklungsländern. Die Entwicklungsländer müssen dafür sorgen, dass Know-how und Kapital im Land generiert werden, die Industrieländer müssen verhindern, dass weniger qualifizierte Arbeitskräfte im Land keinen ausreichend bezahlten Arbeitsplatz finden. Denn es gibt kein Land der Erde, in dem nur Hochqualifizierte oder nur Unqualifizierte leben. Jede Volkswirtschaft muss ausreichend diversifiziert sein, damit die verschiedenen Bevölkerungsgruppen Arbeit finden. Auch fördert eine höhere Diversifizierung gegenseitige Befruchtungen der verschiedenen Industrie- und Dienstleistungsbereiche.

Mit dieser Politik schaden die Vereinigten Staaten ihre internationalen Wirtschaftspartner. Aber auch die amerikanische Wirtschaft wird Anpassungsschwierigkeiten zu überwinden haben. Doch der amerikanische Markt ist so riesig, dass er sich eine autarke Wirtschaft mit relativ geringem Außenhandel leisten kann.

Spätestens wenn die Unternehmen erkannt haben, dass die Autarkiebestrebungen zulasten des freien Warenaustausches die Regel werden, denn die übrige Welt wird auf die amerikanische Abschottung reagieren müssen, werden die Unternehmen in jedem größeren Markt alle Produktionsmöglichkeiten vorhalten. Die Digitalisierungsmöglichkeiten begünstigen ohnehin komplexe Fertigungen, sogenannte *Fraktale Fertigungsbetriebe*, an einem Standort.

Die Wirtschaft ist deswegen immer weniger auf Massenproduktion an bestimmten Orten der Welt und Zulieferung von dort aus an die weiterverarbeitenden Betriebe angewiesen. Es ist somit gar nicht zu erwarten, dass auf mittlere Frist die Wirtschaft schlechter floriert als vorher, zumal weniger qualifizierte Arbeitskräfte stärker gefragt sein werden und höhere Löhne durchsetzen können.

Natürlich sind auch diese Arbeitskräfte durch Digitalisierungsinvestitionen gefährdet. Aber das wären sie auch ohne die protektionistischen Maßnahmen. Wirtschaftliche Fehlentwicklungen können im Übrigen durch staatliche Maßnahmen besser bekämpft werden, wenn nicht so stark auf den Außenhandel Rücksicht genommen werden muss.

In den USA gab es schon immer Perioden des Isolationismus und latent war dieser Isolationismus immer vorhanden. Auch neigten die Vereinigten Staaten schon immer dazu, ihre politische und wirtschaftliche Macht bis hin zur Industriespionage zur Durchsetzung eigener Interessen einzusetzen.

Es ist nicht zu bezweifeln, dass spätere US-Präsidenten sich wieder stärker der übrigen Welt öffnen werden. Hilfsgelder für benachteiligte Länder und Naturkatastrophen könnten wieder fließen und die gestörten US-Beteiligungen an internationalen Organisationen könnten wieder aufgenommen werden. Aber außen- und wirtschaftspolitisch wird es eher bei dem „Amerika first" bleiben. Ein erneutes Abwandern von Industriebetrieben wird Amerika auch kaum wieder zulassen. Die Autarkiepolitik wird fortgesetzt werden.

Entsprechend müssen auch andere Regionen und Europa autarker werden, primär um nicht mehr erpressbar zu sein, aber auch um sich vor dem Überschwappen von Krisen in anderen Regionen zu schützen. Wehe den Ländern, die sich dieser Erkenntnis verschließen! So kann der Schlag Donald Trumps gegen einen völlig liberalisierten Weltmarkt zwar kurzfristig Wirtschaftskrisen befördern, längerfristig aber dazu beitragen, die Gefahr von Weltwirtschaftskrisen zu verringern.

VI. Die Illusion, dass chronische Außenhandelsüberschüsse ein Zeichen einer gesunden Wirtschaftsentwicklung sind und nicht beseitigt zu werden brauchen, und der Beitrag Donald Trumps zu ihrer Überwindung

Länder wie Deutschland, China und Japan erfreuen sich chronischer und gewachsener Außenhandelsüberschüsse. wurden neue Rekordüberschüsse bei der Handelsbilanz erzielt: Der Wert der exportierten Waren lag in den Jahren 2015 bis 2017 in >> um mehr als 240 Milliarden Euro über dem Wert der importieren Waren.<<[22]

Zu Recht werden Leistungsbilanzüberschüsse als ein Zeichen dafür gewertet, dass die Waren dieser Länder international gefragt sind. Aber wenn für 240 Milliarden mehr Waren exportiert werden als importiert, heißt das, dass in Deutschland in diesem Umfang mehr produziert als verbraucht und investiert wird. Wie ist das möglich?

Würde in Deutschland wie es den Einkommen entspricht genauso viel an Waren und Dienstleistungen nachgefragt wie hergestellt wird, dann müsste durch eine zusätzliche Nachfrage von 240.000.000.000 € entweder

1. die Preise in Deutschland steigen bis das Verhältnis von Importen und Exporten ausgeglichen ist. – Man spricht dann von einer „importierten Inflation". – oder
2. der Eurokurs entsprechend steigen, was den gleichen Effekt hat.

Da beides nicht der Fall ist, bleibt nur

3. dass aus Deutschland in Höhe des Leistungsbilanzüberschusses Ersparnisse ins Ausland abfließen, das heißt, dass dem Leistungsbilanzüberschuss ein gleich hoher Kapitalexportüberschuss gegenübersteht.

Damit stellt sich die Frage: warum sind die Ersparnisse so hoch? Weite Teile der Bevölkerung gelten als relativ verarmt und die öffentliche Hand kann nicht genug ausgeben für: Infrastruktur, Forschung und Entwicklung, Umwelt, Bildung, Sicherheit, Soziales. Der Grund ist maßgeblich die ungleiche Vermögens- und Einkommensverteilung. Diejenigen, die viel verdienen, geben im Inland nicht genügend für Konsum und Investitionsmöglichkeiten aus und schaffen ihr Geld ins Ausland.

Für das Ausland bedeuten Außenhandelsüberschüsse eines Landes aber eine entsprechende Verschuldung, soweit die Kapitalexporteure nicht selbst im Ausland Eigentum erwerben. Aber selbst dann besteht die Gefahr, dass im Falle von wirtschaftlichen Schwierigkeiten in dem Kapital-Importland oder dem Kapitalexport-

---

[22] http://www.bpb.de/nachschlagen/zahlen-und-fakten/globalisierung/52842/aussenhandel

Land oder bei internationalen Krisen Eigentum im Ausland kurzfristig wieder abgestoßen wird und es zu Kapitalmarktturbulenzen kommt, die auch die übrigen Wirtschaftsbeziehungen beeinträchtigen.

Für chronische Kapital Importländern, wie die USA, aus denen überproportional viele Fertigungsbetriebe abgewandert sind, können Arbeitskräfte nicht oder nur zu einem prekären Lohn beschäftigt werden und haben sich deshalb im Laufe der Zeit große Industriebrachen entwickelt

Auch innerhalb Europas wächst aufgrund der deutschen Exportüberschüsse die Verschuldung anderer europäischer Länder gegenüber Deutschland. Zudem treibt der deutsche Exportüberschuss den Eurokurs nach oben, so dass insbesondere auf Agrarexporte angewiesene europäische Länder wegen des hohen Euro-Kurses weniger in nichteuropäische Länder exportieren können und zudem verführt werden, wegen der relativ billigeren Auslandsprodukte diese zu importieren und ihre eigene Fertigung zu schädigen. So nimmt es nicht Wunder, dass schon seit Jahren von Deutschland gefordert wird, die Exportüberschüsse abzubauen.

Da der deutsche Staat natürlich Exporte nicht einfach verbieten oder Exportzölle erheben kann, ist eine ausgeglichene deutsche Leistungsbilanz letztlich nur möglich, wenn die Binnennachfrage in Deutschland so stark erhöht wird, dass auch die Importe steigen und/oder deutsche Waren teurer werden und somit nicht in dem Umfang mehr exportiert werden können. Letzteres hätte auch den Vorteil, dass die Notwendigkeit der Zuwanderung von Facharbeitern nach Deutschland abnimmt und diese zu Entwicklung ihrer eigenen Länder beitragen könnten, es somit zu einer größeren internationalen Diversifizierung der Industrie kommen würde.

Zur Erhöhung der Binnennachfrage müsste die Sparquote in Deutschland abgesenkt werden. Das ist nur dadurch möglich, wenn die Einkommen der unteren Einkommensbezieher und sozial Bedürftigen und die Staatsausgaben zulasten derjenigen steigen, die zu viel sparen und ihre Ersparnisse nicht für Investitionen Deutschland ausgeben.

Staatliche Maßnahmen dazu könnten sein:

1. höhere Mindesteinkommen,
2. staatliche Regelungen über Beteiligung der Mitarbeiter am Unternehmensgewinn in einem festzusetzenden Verhältnis zu den Boni für Führungskräfte,
3. stärkere Beteiligung der oberen Einkommensschichten an der allgemeinen Kranken- und Rentenversicherung (entsprechend der Einkommenshöhe bis zu einem gewissen Grad progressiv bei Deckelung der zu zahlenden Renten),
4. stärkere Progression in der Einkommensteuer,
5. stark progressive Erbschaftssteuern, selbstverständlich mit ausreichenden Grundfreibeträgen und Sonderregelung für mittelständische Unternehmen. Erbschaften verzerren die Marktwirtschaft notwendigen gleichen Startbedingungen und sind ein wesentlicher Grund für die immer weiter auseinandergehende Vermögens- und Einkommensverteilung.

Was hier am Beispiel Deutschlands dargestellt wurde, gilt modifiziert auch für andere Länder mit chronischen Leistungsbilanzüberschüssen, insbesondere auch für China und Japan[23].

In China beträgt die volkswirtschaftliche Sparquote ca. 40 % des Bruttoinlandsproduktes. Das heißt, dass 40 % des Bruttoinlandsproduktes entweder ins Ausland geschafft werden müssen oder durch den chinesischen Staat und/oder private Schuldner zusätzlich ausgegeben werden müssen. China befindet sich damit in der Schwierigkeit, dass es nicht nur wegen seiner chronischen Leistungsbilanzüberschüsse der internationalen Kritik ausgesetzt ist, sondern auch die Binnenverschuldung ständig steigt.

Auch China könnte dieser fatalen Entwicklung nur begegnen, wenn die Superreichen stärker besteuert würden, zumal in China als Schwellenland die Staatsausgaben für die Entwicklung der Infrastruktur und Wirtschaft noch weit höher sein müssen als in Deutschland.

Bisher haben sich die Länder mit chronischen Leistungsbilanzüberschüssen mehr oder weniger erfolgreich dagegen gewehrt, der internationalen Kritik nachzukommen. Die energischen Forderungen mit angedrohten Sanktionen von Donald Trump, könnte diese Länder aber zu einer ausgeglicheneren Leistungsbilanz zu zwingen.

Selbstverständlich erzwingen die bereits umgesetzten und angedrohten amerikanischen Zölle und Importrestriktionen eine Umstrukturierung der internationalen Warenströme und können zu Wachstumseinbußen führen. Letztendlich können sie aber dazu beitragen, dass die Gefahr eines totalen Wirtschaftseinbruchs in den Exportüberschussländern infolge von internationalen Wirtschaftskrisen abgemildert wird. Es sollte nicht vergessen werden, dass in Deutschland in der letzten Finanz- und Wirtschaftskrise wegen der schwindenden Exportmöglichkeiten die Beschäftigung stark zurückging und der Zusammenbruch der Wirtschaft nur durch Abwrackprämien, staatliches Kurzarbeitergeld und andere Staatsinterventionen verhindert werden konnte.

VII. Die Illusion, dass durch Senkung von Unternehmungssteuern die Wirtschaft belebt werden kann, und der mögliche Beitrag Donald Trumps zu ihrer Überwindung

Zu den beliebtesten Wahlversprechen gehört die Proklamation, Steuern zu senken. In dieser plakativen Form erwartet jeder, dass er dadurch mehr Geld zur Verfügung hat. Zudem sollen entsprechend der herrschenden neoliberalen Wirtschaftsauffassung dadurch höhere Investitionen, wirtschaftliches Wachstum und geringere Arbeitslosigkeit ausgelöst werden.

---

[23] Zu Japan siehe: Uwe Petersen: *Die wirtschaftliche Krankengeschichte Japans* in: *Unkonventionelle Betrachtungsweisen zur Wirtschaftskrise II. Krankheiten des Wirtschaftssystems und Möglichkeiten und Grenzen ihrer Heilung,* Peter Lang Verlag 2011, S. 122- 129.

Zulasten welcher Ausgaben die Steuersenkungen finanziert werden sollen, wird dabei meistens nicht erwähnt bzw. es wird gleichsam als selbstverständlich unterstellt, dass durch das zu erwartende Wirtschaftswachstum die Steuereinnahmen so weit zunehmen, dass die Steuersenkungen finanziert werden können, es sei denn die Steuersenkungen intendieren auch, dass ausländische Vermögende und Unternehmen ihren Steuersitz in das Land verlegen, die zu erwartenden Steuermehreinnahmen somit Steuermindereinnahmen in anderen Ländern sind.

Durch Steuersenkungen ausgelöste Verlagerungen von Unternehmen und Wohnsitzen können einem Land zwar erhebliche zusätzliche Einnahmen bescheren und insofern auch deren Prosperität fördern. Sie senken aber in Höhe des Steuersenkungsbetrags die weltweiten Staatseinnahmen und verteilen die Staatseinnahmen der Welt zudem zu Gunsten des steuersenkenden Landes um. Weltwirtschaftlich wird dadurch kein zusätzlicher wirtschaftlicher Impuls gegeben, sondern nur die eigene Prosperität mit Steuerausfällen anderer Länder bezahlt.

Soweit sich dann die anderen Länder dagegen wehren und es zu einem allgemeinen Wettlauf von Steuersenkungen kommt, versiegen weltweit die Steuereinnahmen mit entsprechenden Folgen für die notwendigen staatlichen Ausgaben. Die dadurch ausgelösten negativen Wirkungen auf die Staatsausgaben schlagen auch wieder auf die allgemeine Nachfrage, die Entwicklung der Infrastruktur, die Unzufriedenheit bis hin zu Streiks der Lohnempfänger und somit auch auf die Wirtschaft insgesamt zurück und beeinträchtigen somit auch die Unternehmertätigkeit selbst.

Ob und inwieweit Steuersenkungen – abgesehen von den angegebenen Steuerumverteilungen – Wirtschaftswachstum und größeren Wohlstand generieren, hängt davon ab, ob diejenigen, die durch die Steuersenkungen eine höhere Kaufkraft haben, diese auf dem Markt auch wieder für Konsumzwecke oder Investitionen ausgeben und inwieweit Steuersenkungen nicht durch geringere Staatsausgaben finanziert werden. So ist davon auszugehen, dass Steuersenkungen für die Mittelschicht und niedrigen Einkommensbezieher, soweit letztere überhaupt Steuern zahlen, die volkswirtschaftlichen Konsumausgaben und bei Handwerkern gegebenenfalls auch Investitionen auslösen und somit die wirtschaftliche Prosperität befördern.

Die im Allgemeinen als selbstverständlich angenommene Erwartung, dass Steuersenkungen Investitionen bewirken, ist in unserer Zeit jedoch relativ unwahrscheinlich. Der Kapitalmarkt bietet genügend Kapital an, so dass das Zinsniveau, wenn auch unterstützt durch Geldflutung der Notenbanken, sogar auf 0 % gefallen ist. Deswegen würden Steuersenkungen zugunsten von Kapitaleignern und Unternehmen allenfalls die Spekulationsausgaben fördern und die Nachfrage nur insoweit, als dadurch zusätzliche beispielsweise Immobilien-Spekulationen ausgelöst werden. Diesen wenn überhaupt relativ niedrigen Wirtschaftsimpulse sind die Nachfrageausfällen entgegenzusetzen, soweit die Steuersenkungen durch geringere Staatsausgaben finanziert wurden.

Generell ist davon auszugehen, dass Steuersenkungen zugunsten oberer Einkommensschichten eher stagnierend auf die Wirtschaft wirken, es sei denn die Staatsausgaben werden nicht gesenkt oder sogar noch erhöht und die Steuersenkungen durch eine höhere Verschuldung des Staates ausgeglichen. Beispiele dafür sind die Steuersenkungen des damaligen US-Präsidenten Ronald Reagan, die einhergingen mit einer erheblichen Erhöhung der Staatsausgaben und Staatsverschuldung. Ein weiteres Beispiel dafür ist die von dem gegenwärtigen US-Präsidenten Donald Trump erlassene Steuersenkung bei gleichzeitiger Erhöhung der Staatsausgaben für Infrastruktur, Rüstung und eine Mauer nach Mexiko, soweit diese Ausgaben nicht durch Steuermehreinnahmen infolge von Steuerverlagerungen in die USA finanziert werden können.

So passen die wirtschaftlichen Maßnahmen von Donald Trump zwar zu seiner Politik des *America first* ohne Rücksicht auf die Auswirkungen auf die übrige Weltwirtschaft. Die dadurch ausgelösten weltwirtschaftlichen Probleme können jedoch zusätzliche Antriebe sein, die weltwirtschaftlichen Schwachstellen zu bereinigen und die eigene Volkswirtschaft von der Weltwirtschaft abzukoppeln, um von weltwirtschaftlichen Problemen nicht mehr abhängig zu sein. So kann längerfristig die Gefahr, dass Krisen in bestimmten Wirtschaftsräumen auf andere Länder überschwappen und zu Weltwirtschaftskrisen führen, verringert werden.

VIII. Die Illusion, dass geringere Staatsausgaben die wirtschaftliche Entwicklung fördern

Im Laufe der Entwicklung haben sich die Staatsausgaben in allen Ländern tendenziell laufend erhöht, wie aus folgender Tabelle ersichtlich:

>>Angaben in Prozent.
Hinweis: Die Angaben können je nach Institut und Erhebung geringe Abweichungen aufweisen.

Land	2001	2002	2003	2004	2005	2006	2007	2008	2009	2010	2012	2014
Belgien			51,1	49,3	52,1	48,6	48,4	50,1	54,1		52,8	55,1
Dänemark			55,3	55,1	52,6	51,5	50,8	51,9	58,3		58,2	56
Deutschland	47,6	48,1	48,5	47,1	46,8	45,4	43,7	43,7	47,6	46,6	44,9	44,3
Finnland			50,0	50,3	50,0	48,9	47,2	49,3	55,8		54,4	58,3
Frankreich			53,4	53,2	53,3	52,7	52,3	52,8	56,0		56,2	57,5
Griechenland			49,2	49,8	43,8	44,9	46,2	49,1	53,2		51,0	49,9
Irland			33,5	34,0	34,0	34,5	36,8	42,7	48,9		42,8	38,2
Italien			48,3	47,8	48,1	48,7	47,9	48,9	51,9		51,0	51,2
Japan					38,4	36,0	35,8	36,4				
Luxemburg			42,3	43,1	41,5	38,6	36,2	36,9	42,2		43,8	42,4
Niederlande			47,1	46,3	44,8	45,5	45,2	46,0	51,4		50,1	46,2
Österreich			51,1	50,3	50,1	49,3	48,3	48,7	52,3		51,5	52,7
Portugal			45,8	46,7	45,8	44,5	43,7	43,5	48,1		46,7	51,7
Schweden			58,2	56,7	53,6	52,6	50,9	51,5	54,6		49,2	51,8
Schweiz	35,0	36,3	37,9	37,5	37,2	35,4	34,2	32,5	34,6	34,1	34,7	32,9[2]
Spanien			38,2	38,8	38,4	38,4	39,2	41,3	45,8		42,7	44,5
Vereinigtes Königreich			42,8	43,1	44,1	44,2	43,9	47,5	51,7		45,5	43,9
Vereinigte Staaten					36,6	36,5	37,4	38,6	41,6	40,0	37,3	
Volksrepublik China					18,4	18,5	18,3	22,6	25,8	25,9	28,1	29,7

- Verwendete Quellen:
- Statistisches Bundesamt:[24][25][26]
- Deutsches Bundesministerium der Finanzen:[27][28]
- Bundesamt für Statistik:[29]
- Technische Universität Chemnitz:[30]
- Statista GmbH:[31] <<32

---

[24] Anteil der Gesamtausgaben des Staates am Bruttoinlandsprodukt (Memento vom 7. Juni 2007 im Internet Archive) (Stand 1. November 2006, Internet Archive)

[25] Statistisches Jahrbuch 2010 (PDF)

[26] USA: Staatsquote von 2003 bis 2013

[27] Abgabenquoten im internationalen Vergleich Deutsches Bundesministerium der Finanzen auf Basis „Statistischer Anhang der Europäischen Wirtschaft" der EU-Kommission

[28] Entwicklung der Staatsquote. Bundesministerium der Finanzen

[29] Kennzahlen in % des BIP. Statistik Schweiz, abgerufen am 3. November 2011

[30] Staatsquote im internationalen Vergleich (Memento vom 12. Januar 2014 im Internet Archive) (PDF; 42 kB)

In der Logik der Neoliberalen, dass niedrige Steuern die Wirtschaft beleben liegt auch, dass die Wirtschaft umso mehr floriert, je geringer die Staatsquote ist. Denn dann haben die Konsumenten und Unternehmer einen höheren Anteil am Bruttoinlandsprodukt, können also mehr ausgeben und investieren und so die Wirtschaft beleben. Ja, es wird sogar argumentiert, dass dann wegen dieses erhöhten Wachstums auch die Steuereinnahmen sich erhöhen, so dass die Staatsausgaben gar nicht in dem Umfang reduziert werden müssten, wie die Steuersenkungen ausmachen.

Nach Wikipedia besteht dagegen >>keine Einigkeit bei Vertretern der Wirtschaftswissenschaften, ob eine niedrige Staatsquote auch generell zu höherem Wirtschaftswachstum führt. So führen Kritiker einer niedrigen Staatsquote die skandinavischen Länder an, welche zwar eine Staatsquote von teilweise über 50 % haben, dafür aber auch einen überdurchschnittlich hohen Lebensstandard vorweisen.[33] Bislang liegt keine Untersuchung vor, die einen eindeutigen Zusammenhang von Staatsquote und Wachstum belegen konnte.[34] <<35

>>Steigende Staatsquoten werden durch das Wagnersche Gesetz beschrieben. Einen Erklärungsversuch bietet die Peacock-Wiseman-Hypothese. Eine weitere Erklärung wird durch das Budgetmaximierungsmodell von Niskanen geleistet.

Das Popitzsche Gesetz postuliert einen Zusammenhang zwischen steigender Staatsquote und steigendem Anteil des Zentralstaats an den Gesamtstaatsausgaben. In diesen Zusammenhang gehört auch das Modell der Baumolschen Kostenkrankheit.

Ein weiterer Erklärungsansatz ist die Bezeichnung staatlicher Leistungen als sogenannte „superiore Güter". Diese zeichnen sich dadurch aus, dass deren Konsum mit steigendem Einkommen zunimmt. Steigt die Nachfrage schneller als das Einkommen, so nehmen die Ausgaben für diese Güter nicht nur absolut, sondern auch relativ gemessen an den Gesamtausgaben zu.

Des Weiteren wird auch die fiskalische Illusion diskutiert. Sie besagt, dass Bürger, ohne die Konsequenzen absehen zu können, Regierungen wählen, die hohe Staatsausgaben tätigen. Das spiegelt sich wiederum in einem immer komplexer werdenden Steuersystem wider, welches die tatsächlichen finanziellen Lasten verschleiern soll.

Das Brecht'sche Gesetz hingegen findet eine Erklärung in der stets zunehmenden Urbanisierung. Die staatlichen Leistungen fallen in Städten tendenziell höher aus, als auf dem Land. Mit zunehmendem Anstieg der Stadtbevölkerung müssen also auch die Staatsausgaben noch stärker wachsen.

Eine weitere, besonders in der westlichen Welt nicht zu unterschätzende, mögliche Erklärung bietet der demographische Wandel. Mit zunehmender Überalterung der Bevölkerung steigen die staatlichen Leistungen, die die damit einhergehenden

---

31 Europäische Union: Staatsquoten in den Mitgliedsstaaten im Jahr 2014, China: Staatsquote von 2005 bis 2015

32 Zit. nach https://de.wikipedia.org/wiki/Staatsquote

33 Deutschland auf dem Weg in den Sozialismus. In: . 11. Januar 2010.

34 Wie hoch soll die Staatsquote sein? In: Die Zeit. 26. Juni 2007.

35 Zit. nach https://de.wikipedia.org/wiki/Staatsquote

finanziellen Konsequenzen decken, wie z. B. Absicherungsmaßnahmen gegen Altersarmut, Renten- und Gesundheitsleistungen. [36] <<[37]

Diese Erklärungen mögen eine gewisse Bedeutung haben, warum der Staat seine Ausgaben erhöht hat. Sie erklären aber nicht die eigentliche Bedeutung, die die Höhe der Staatsausgaben für die volkswirtschaftliche Nachfrage hat. Denn je mehr sich aufgrund der immer ungleicher werdenden Vermögens- und insbesondere als Folge davon *Einkommens*verteilung die Möglichkeiten der Konsumausgaben für die unteren Einkommensschichten verringern und damit auch die Anreize für Investitionen wegfallen, umso wichtiger werden die Staatsausgaben, um keine Nachfragelücke entstehen zu lassen zwischen dem volkswirtschaftlichen Angebot und der volkswirtschaftlichen Nachfrage.

In der Staatsquote sind ja auch enthalten die Transferleistungen an untere Einkommensschichten, die ebenfalls weitestgehend unmittelbar als Nachfrage wirksam werden. Aus dieser Notwendigkeit ist auch verständlich, warum Steuersenkungsaktionen, wie die von Ronald Reagan in den USA und jetzt wieder durch Donald Trump in den USA, nur deswegen zu einem Wirtschaftswachstum führten, weil sie parallel gingen mit steigenden schuldenfinanzierten Staatsausgaben. Es ist daher von einer Senkung der Staatsquote nur dann eine Belebung der privaten Nachfrage zu erwarten, wenn sie einhergehen mit Steuersenkungen für untere Einkommensschichten. Für die gesamte volkswirtschaftliche Nachfrage ändert sich dadurch aber nichts, weil die Staatsausgaben im gleichen Umfang sinken, wie die privaten Ausgaben zunehmen. Soweit aus den Steuersenkungen sogar noch gespart wird, kann ein Restnachfrageausfall bleiben.

Bei Reduzierungen der Staatsausgaben für Steuersenkungen für oberer Einkommensschichten würde es zu Depressionen kommen. Man stelle sich einmal vor, die Staatsausgaben inklusive der darin enthaltenen Transferzahlungen würden drastisch gekürzt zu Gunsten von Steuersenkungen für die oberen Einkommensschichten, dann würde die volkswirtschaftliche Sparrate noch weiter steigen und die Wirtschaft in einer Depression landen. Entsprechend ist eine Wirtschaftsbelebung in einer Zeit, in der so viel Kapital angeboten und so wenig realwirtschaftlich investiert wird, dass der Zinssatz sich nahe 0 % bewegt, nur zu erwarten durch höhere Staatsausgaben finanziert mit Steuermehreinnahmen von höheren Einkommensschichten.

---

[36] Berthold Wigger: Grundzüge der Finanzwissenschaft. Springer, Heidelberg 2006, ISBN 3-540-28169-X, S. 9–11

[37] Zit. nach https://de.wikipedia.org/wiki/Staatsquote

IX. Die Illusion, dass Staatsschulden zurückgezahlt werden können, und ihre Folgen

Staatsschulden gelten als ein Übel. Als gängiges Argument wird dazu gesagt, man dürfe zukünftige Generationen nicht mit den Schulden der gegenwärtigen Generation belasten.

Dieses Argument ist natürlich Unsinn. Denn die zukünftigen Generationen erben nicht nur die Schulden, sondern auch die Forderungen der gegenwärtigen Generation. So, wie sich in der gegenwärtigen Generation Schulden und Forderungen saldieren, so auch in den folgenden Generationen.

Im Übrigen, warum sind denn Staatsschulden entstanden? Weil der Staat einen Teil seiner Ausgaben nicht durch Steuereinnahmen, sondern durch Kreditaufnahmen finanziert hat. Hätte er höhere Steuern verlangt, dann würden vor Allem die Reichen damit belastet worden sein, die bevorzugt auch die Staatsschulden zeichneten. Wenn in der nächsten Generation die Schulden wirklich zurückgezahlt würden, dann würden primär auch wiederum die Reichen mit den Steuern belastet zur Zurückzahlung der Schulden. Denn von Armen können aus sozialpolitischen, aber auch aus praktischen Gründen kaum Steuern für Schuldenrückzahlungen erhoben werden.

Bei zu hohen Staatsschulden wird insbesondere eine Überschuldung befürchtet und die Gefahr eines Staatsbankrotts. Diese Gefahr wächst mit steigender Staatsverschuldung und sie hat, wie am Beispiel folgender Länder dargestellt wird, ein erhebliches Ausmaß erreicht, und zwar, wenn wir den Extremfall Japan betrachten, bis zu 236 % des Bruttoinlandsproduktes.

Land	Verschuldung in Prozent des Bruttoinlandsprodukts		
	Jahr 2008	Jahr 2012	Jahr 2018
Deutschland	65	78	60
Frankreich	69	89	96
UK	50	86	86
Italien	102	123	131
Spanien	39	84	97
Portugal	72	126	121
Griechenland	109	156	191
Niederlande	54	66	54
Belgien	93	104	101
Ireland	42	120	67
Dänemark	33	46	36
Schweden	37	37	38
Finnland	33	53	61
Polen	46	54	51
USA	74	102	108
Japan	183	237	236

[38]

Einen besonderen Schub erfuhr die Staatsverschuldung weltweit während der Wirtschafts- und Finanzkrise ab 2008. Gerhard Illing schreibt: >>Im Zeitraum von 2008 bis 2015 prognostiziert der IMF für die Industriestaaten einen Anstieg der Schuldenquote um insgesamt ca. 37,1 Prozentpunkte. Davon führt er 21,5 Prozent-

---

[38] IMF, World Economic Outlook Database, April 2018, 5. Report for Selected Countries and Subjects

punkte auf den Einnahmenausfall zurück. Im Vergleich dazu fällt der Beitrag aktiver fiskalpolitischer Stimulierungsmaßnahmen (6,4 Prozentpunkte) und der bislang angefallenen effektiven Ausgaben zur Stützung des Finanzsektors (1,9 Prozentpunkte) zum Anstieg der Schuldenquote vergleichsweise verhalten aus.

Allerdings herrscht zwischen den einzelnen Ländern eine große Heterogenität. Die Kosten der Rettung des Bankensektors machen sowohl in Irland als auch in Island jeweils mehr als 40 Prozentpunkte des Anstiegs der Schuldenquote aus. <<[39] Die deutsche Staatsverschuldung erhöhte sich um 236 Mrd. €. >> Dies schlug mit 8,1 Prozent des aktuellen BIP zu Buche.<<[40] Aber können Schulden überhaupt zurückgezahlt werden und, wenn ja, wie?

Nach dem *Sayschem Theorem* entstehen im Zuge der Wirtschaftstätigkeit genauso viele Ansprüche in Form von Einkommen, Renten und Steuern, wie dem Wert der Summe der hergestellten Produkte und Dienstleistungen entspricht. Würde die Öffentliche Hand, um Schulden zurückzahlen, Steuereinnahmen nicht ausgeben und in Höhe ihres Anteils am Sozialprodukt keine Waren und Dienstleistungen erwerben, dann müssten, damit das Gleichgewicht von volkswirtschaftlichem Angebot und volkswirtschaftlicher Nachfrage nicht gestört wird, die Gläubiger die erhaltenen Rückzahlungen ihrerseits für zusätzliche Ausgaben verwenden.

Es ist jedoch davon auszugehen, dass die Gläubiger in der Regel ihren Konsum ausreichend decken. Deshalb müssten die freien Mittel realwirtschaftlich investiert werden. In unserer Zeit ist aber genügend Kapital auf dem Markt, wie auch das Zinsniveau (Preis für Kapital) von nahezu 0 % oder sogar ein negativer Zinssatz zeigen. Das heißt: wir haben zurzeit einen riesigen Anlagedruck. Deswegen würden die zurückgezahlten Staatsschulden kaum ausgegeben und die volkswirtschaftliche Nachfrage in Höhe der zurückgezahlten Kredite zurückgehen mit depressiven Wirkungen auf die Wirtschaft. Als Folge davon werden Produktion und Dienstleistungen zurückgefahren, wodurch Einkommen und Ausgaben weiter sinken.

Staatsschulden können also nur zurückgezahlt werden, wenn sie volkswirtschaftlich ausgabenneutral sind, das heißt, es muss sichergestellt sein, dass entweder

- die Gläubiger die zurückgezahlten Schulden für Investitionen oder Konsumzwecke ausgeben und dies möglichst in der gleichen Volkswirtschaft, in der die öffentlichen Ausgaben zur Schuldentilgung reduziert werden, oder
- es müssten diejenigen mit zusätzlichen Steuern und Abgaben belastet werden, denen die Kreditrückzahlungen zufließen.

Ersteres ist wegen des hohen volkswirtschaftlichen Sparvolumens – nicht zuletzt aufgrund der immer ungleicher werdenden Vermögens- und Einkommensentwicklung – im Verhältnis zu gewinnbringenden realwirtschaftlichen Investitionen oder, weil die Kapitalgeber spekulative Kapitalmarktspiele vorziehen, nicht zu erwarten.

---

[39] Gerhard Illing: *Staatsverschuldung und Finanzkrise – Wechselwirkungen und Krisenpotenziale*http://www.sfm.econ.uni-muenchen.de/forschung/staatsverschuldung.pdf, S.23
[40] https://deutsche-wirtschafts-nachrichten.de/2015/04/05/banken-rettung-kostet-deutsche-steuerzahler-236-milliarden-euro/. Die Deutsche-Wirtschaftsnachrichten schreiben zwar: >> Banken-Rettung kostet deutsche Steuerzahler 236 Milliarden Euro.<< Tatsächlich handelt es sich aber zunächst um eine Erhöhung der Staatsverschuldung. Ob diese Staatsverschuldung überhaupt einmal den Steuerzahlern weitergereicht wird, wird in der weiteren Abhandlung bezweifelt.

Für eine höhere Belastung der Vermögenden würden sich hohe Erbschaftssteuern und/oder eine Vermögensabgabe anbieten, die auch über mehrere Jahre abgezahlt werden könnten.

Natürlich können dabei unerwünschte Benachteiligungen und Nebeneffekte auftreten, die dann sozial abgefedert werden müssten. Auch in Bezug auf zu vererbende Handwerksbetriebe und Familienunternehmen sind Sonderbedingungen zu empfehlen.[41]

Vor Steuererhöhungen schrecken die Politiker meist zurück, zum Teil wegen der politischen Macht der Vermögenden, aber auch aus Befürchtungen, dass Vermögende und Unternehmer in Steueroasen abwandern.

Länder, wie Deutschland, die über extrem hohe Exportüberschüsse Nachfrage ins Ausland verlagern und damit diesen die depressiven Wirkungen aus zu geringerer Nachfrage nach Inlandsprodukten zuschieben, können sich nicht nur eine „schwarze Null" leisten, sondern darüber hinaus auch bis zu einem gewissen Grade Schulden zurückzahlen. Aber was bedeuten Forderungen nach Schuldenabbau für ein Land wie Griechenland? Die Wirtschaft *musste* zusammenbrechen mit der Folge, dass, wie die Tabelle zeigt, die Verschuldung Griechenlands noch weiter ansteigt.

In der Privatwirtschaft haben überschuldete Unternehmen nur dann wieder eine Chance, am Wirtschaftsleben teilzunehmen, wenn sie im Rahmen von Vergleichsverhandlungen oder durch Bankrott ihre Schulden loswerden oder zumindest soweit verringern können, dass ein Weiterleben der Unternehmen gesichert ist. Gläubiger solcher Unternehmen erkennen in der Regel an, dass es besser ist, auf einen Teil der Schulden zu verzichten und sich damit den Lieferanten oder Kunden zu erhalten oder, weil sie durch einen Bankrott noch mehr verlieren würden. Diese Erkenntnis gilt auch für Staaten. Zu Recht fordert der *IWF Internationale Währungsfonds* für Griechenland einen Schuldenschnitt und handelt Deutschland unverantwortlich, dass es diesen Schuldenschnitt verhindert.

Nun ist Griechenland ein besonders schwieriger Fall. Angelos Kotios, Universität von Piräus, schreibt: >> Die hohe Staatsverschuldung Griechenlands hat viele Ursachen. Diese sind hauptsächlich die Schattenwirtschaft, die Steuerhinterziehung, die komplizierte Steuergesetzgebung, die Ineffektivität des Steuerapparates, die Vetternwirtschaft, die hohen Staatszuschüsse an die Pensionskassen und eine Ausgabenneigung des griechischen politischen Systems. Anstatt diese chronische, immer noch existierende Pathogenität effektiv zu bekämpfen, konzentrierte sich die Fiskalkonsolidierung lediglich auf Steuererhöhungen und Ausgabenkürzungen. Dadurch wurde die Gesamtnachfrage gesenkt und ein rezessiver Teufelskreis in Gang gesetzt, der zu weiteren Sparmaßnahmen zwingt.

Eine weitere Ursache der griechischen Krise liegt in der mangelnden Wettbewerbsfähigkeit Griechenlands, deren Stärkung ein wesentliches Ziel der Anpassungsprogramme war. Die eingesetzten Mittel waren hauptsächlich die Senkung der Lohnkosten, Reformen des Arbeitsmarktes und des öffentlichen Dienstes, die Liberalisierung einiger Berufe und Privatisierungen. Dabei zeigt sich, dass dieser Ansatz die Wettbewerbsfähigkeit und die Standortbedingungen nicht verbessert hat, denn es

---

[41] ausführlicher in meinen Publikationen zuletzt: *Segen und Opfer der Globalisierung. ...*, a. O., S. 218ff.

gibt viele tiefere politische und institutionelle Ursachen der mangelnden Wettbewerbsfähigkeit Griechenlands wie Bürokratie, Korruption, Überregulierung, Rechts-
unsicherheit, geschlossene Güter- und Dienstleistungsmärkte, Staatsoligopole, un-
terentwickelte Kapitalmärkte usw. Hinzu kommen die strukturellen Ursachen wie
die schwache und beschränkte Produktionsbasis, ihre Orientierung an der Binnennachfrage und das Fehlen einer dynamischen Exportstruktur, mangelnde Innovati-
onskraft, ein aufgeblähter und introvertierter Dienstleistungssektor (mit Ausnahme
des Tourismus und des Seetransports), eine schwache Unternehmensstruktur usw.
Demzufolge waren die Maßnahmen nicht in der Lage, die tieferen und vielfältigen
Ursachen der defizitären Wettbewerbsfähigkeit Griechenlands substanziell zu ver-
bessern. Somit blieb die erwartete Ankurbelung der Wirtschaft durch eine Zunahme
der Exporte – als Folge von Lohnsenkungen – und durch das Anlocken von Direk-
tinvestitionen aus. Während die Anpassungsprogramme implementiert wurden, haben sich die Standortbedingungen und die Wachstumsperspektiven des Landes
durch neue politische und makroökonomische Instabilitäten, soziale Spannungen,
Liquiditätsmangel, Pessimismus, wachsende Besteuerung und Massenexodus von
Humankapital sogar verschlechtert. Insgesamt hat sich die Anpassungspolitik Griechenlands zu sehr auf kurzfristige Ziele der Konsolidierung der Staatsfinanzen und
zu wenig auf die strukturellen und ordnungspolitischen Schwächen und Defizite der
realen Wirtschaft konzentriert. Alle bisherigen Anpassungsmaßnahmen waren pro-
zyklisch und es fehlt immer noch an einer konvergierten nationalen Struktur- und
Wachstumsstrategie im Rahmen einer integrierten marktwirtschaftlichen Reform.
<<[42]

Diese wirtschaftlichen Defizite wären natürlich mit einem einfachen Schuldenschnitt nicht zu beseitigen. Insofern ist es richtig, dass Griechenland zu Reformen
und Strukturverbesserungen gezwungen wurde, die schon wegen der Vielseitigkeit
der Probleme nur schmerzlich sein konnten. Einfache Hilfen hätten den Schlendrian
nur fortgesetzt und die dafür aufgewandten Gelder wären verpufft. Trotzdem kommt
die Wirtschaftspolitik nicht darum herum anzuerkennen, dass Staatsschulden sich
nicht einfach zurückzahlen lassen und im Falle von Staatsbankrotts Schuldenschnitte
erforderlich sind. Deswegen hätte von Anfang an Griechenland ein Schuldenschnitt
zugesichert werden müssen, wenn es die geforderten Reformen und Strukturverbesserungen durchführt.

Was für Griechenland gilt, gilt natürlich auch für andere konkursgefährdete europäische Staaten.

Die immer weiter steigenden herumvagabundierenden Staatsanleihen bilden eine
ständige Gefahr für Staatsbankrotts und damit für Wirtschafts- und Währungsturbu-
lenzen. Wenn sie aber schon nicht durch höhere Steuern und Abgaben von denen,
die auch die Gläubiger der Staatsanleihen sind, zurückgezahlt werden können, dann
muss jede Möglichkeit genutzt werden, herumvagabundierende Staatsanleihen durch
Schuldenschnitte aus der Welt zu schaffen.

Wie in der Privatwirtschaft dürften deswegen Insolvenzen, auch bei Staatsbank-
rott und Bank-Zusammenbrüchen, nicht verhindert werden. Sie ermöglichen den

---

[42] Angelos Kotios: *Griechenland: Wahre Ursachen der Krise,*
https://archiv.wirtschaftdienst.eu/jahr/2017/6/griechenland-wahre-ursachen-der-krise/

Staaten und Banken einen Neuanfang und reduzieren auf natürliche Weise die generelle Verschuldung.

Natürlich müssten soziale Härten und die Zerstörung von lebensfähigen Unternehmen abgefedert werden. In Konkurs gehende Banken sollten zum Konkurswert verstaatlicht und mit Krediten der Europäischen Zentralbank oder etwaiger Rettungsfonds zwischenfinanziert werden, bis diese Kredite aus Gewinnen zurückgeführt und die Banken dann auch wieder privatisiert werden können.

Die Verluste aus den Bank-Konkursen hätten natürlich primär die Kapitaleigner tragen müssen wie in einer Marktwirtschaft üblich. Sie hätten primär die Vermögenden getroffen. Bankguthaben von Privaten und Unternehmen hätten bis zu einem festzusetzenden Höchstbetrag, der die Sparer und Unternehmen nicht gefährdet, durch Sonderkredite der Zentralbank gedeckt werden müssen, die dann durch laufende Gewinne wieder hätten zurückgeführt werden müssen.

Selbstverständlich hätten die notwendigen Schuldenschnitte schmerzliche Anpassungen auch der anderen europäischen Länder ausgelöst. Da sich die übrigen europäischen Banken, auch die der Industrieländer, mit notleidend gewordenen Staatsanleihen aus Griechenland und anderen südeuropäischen Ländern vollgesogen hatten, hätten diese erhebliche Verluste hinnehmen müssen, bis hin zum Zusammenbruch einiger Banken. Auch diese Banken hätten dadurch ihre notleidenden Verbindlichkeiten verloren. Sie hätten ebenfalls zum Konkurswert von der öffentlichen Hand übernommen, mit Unterstützung der Staaten und der Europäischen Zentralbank aufgefangen und neu finanziert werden müssen, und wären erst nach ihrer Sanierung wieder privatisiert worden.

Wie haben die europäischen Länder stattdessen versucht, die Euro-Krise zu lösen?

Soweit in geringerem Umfang Schuldenschnitte ermöglicht wurden, wurde dafür gesorgt, dass sie primär Private der betreffenden Länder trifft und nicht die übrigen europäischen Länder.

Ansonsten haben sie den konkursgefährdeten Ländern Gelder zur Verfügung gestellt, mit denen fällige Staatsschulden bedient werden konnten. Damit haben sie direkt oder indirekt über die *Europäische Zahlungsbank* selbst in Höhe der fälligen Staatsanleihen Kredite gewährt und das Risiko ihres Ausfalls übernommen. Die hohen Schulden und die darauf fälligen Zinsen verblieben somit bei den konkursgefährdeten Ländern.

In Höhe der im Rahmen der sogenannten Sanierungen weiterhin zu leistenden Rückzahlungen wurde die wirtschaftliche Erholung der Länder nicht nur behindert, sie wurde sogar vergrößert. Denn, soweit diese aus laufenden Einnahmen zu tätigen sind und an ausländische Gläubiger oder an Gläubiger gehen, die die Rückzahlungen nicht selbst wiederum im Inland ausgeben, erhöht sich entsprechend dem Sayschem Theorem die inländische Nachfragelücke und als Folge davon wird das Angebot reduziert. So dreht sich die depressive Schraube weiter. Am Beispiel Griechenland ist diese Entwicklung zu verfolgen.

Da der Schuldenberg weiter bleibt, bleibt auch die Konkursgefahr, die Unternehmen von Investitionen abhält und flieht das Kapital aus diesen Ländern.

Solange die Illusion, dass öffentliche Schulden zurückgezahlt werden können, nicht aufgegeben wird und wie in der Privatwirtschaft Überschuldungen durch Vergleiche und Konkurse bereinigt werden, ist mit einer wirtschaftlichen Erholung der Länder nicht zu rechnen, bleiben sie in ständiger Konkursgefahr und leiden darunter auch die übrigen europäischen Länder. Wären seinerzeit die Schulden der südeuropäischen Länder gestrichen worden, hätten wir heute nicht wiederum wirtschaftliche Turbulenzen infolge wirtschaftlichen Zusammenbruchs Italiens zu befürchten.

X. Die Illusion, dass das Geld durch Gold und Wertpapiere gedeckt sein muss, und ihre Folgen

Die Krisenbekämpfung und die Entwicklung der Wirtschaft wird auch durch die Illusion behindert, dass Geld durch Gold oder Wertpapiere gedeckt sein müsse. Diese Illusion ist eine Folge der Entstehungsgeschichte des Geldes. Ursprünglich tauschen die Händler Waren gegen Waren. Dadurch war natürlich nur bedingt ein Warenaustausch möglich. Denn, wenn ein Anbieter von beispielsweise Rindern dafür Pferde eintauschen wollte, ein an Rindern Interessierter aber nur Schafe hatte, kam der Tausch nicht zustande.

Als allgemeines Tauschmittel boten sich Gold und Silber an, die auch als Werte für sich geschätzt wurden. Da sich Metalle im überregionalen Handel schwerer transportieren ließen und auch durch Diebstahl gefährdet waren, wurden sie mehr und mehr durch Schuldscheine ersetzt, die jederzeit in Gold und Silber rückgetauscht werden konnten. In dem Maße, in dem der Warenaustausch schneller wuchs, als die Gewinnung von Gold und Silber, nahm die Bezahlung mit Schuldscheinen zu und eröffnete die Möglichkeit, in immer größerem Umfange Papiergeld zur Zahlungszwecken herauszugeben.

Trotzdem wurde an dem illusionären Glauben festgehalten, dass das umlaufende Papiergeld durch Gold gedeckt sein müsse. Die Folge war, dass, wenn sich die Goldmenge der Staatsbanken nicht erhöhte, auch die Geldmenge nicht entsprechend dem Liquiditätsbedarf erhöht werden durfte, der Liquiditätsbedarf der Wirtschaft somit eingeschränkt und die Wirtschaftsentwicklung abgewürgt wurde. So kaufte beispielsweise in der Zwanzigerjahre >>Frankreich massiv Gold auf, um die Geldmenge des Franc entsprechend dem Bedarf der französischen Wirtschaft zu erhöhen. [43] <<[44]

Aber es gab auch die umgekehrte Entwicklung. Als Gold und Silber durch den Gold und Silberraub der Spanier in Lateinamerika oder durch sogenannte *Kriegsentschädigung*, wie nach dem Deutsch-Französischen Krieg 1870/71, große Goldmengen ins Land strömten, kam es zu wirtschaftlichen Überhitzungen, weil aufgrund der zusätzlichen Edelmetall-Reserven die Notenbanken die Geldmenge schneller steigerten, als es der Liquiditätsbedarf der Wirtschaft erforderte. Die Folge war: inflationären Tendenzen.

Spätestens nach dem Zweiten Weltkrieg, als die europäischen Länder ihre Goldreserven weitgehend verloren hatten, stellte sich dann heraus, dass Währungen auch dann ihre Zahlungsfunktionen erfüllen, wenn sie nicht durch Gold gedeckt sind. Für

[43] Barry Eichengreen: Golden Fetters: *The Gold Standard and the Great Depression, 1919–1939*, Oxford University Press, 1992, ISBN 0-19-510113-8, S. 4 ff.
[44] https://de.wikipedia.org/wiki/Goldstandard

den amerikanischen Dollar, der sich zur Weltwährung entwickelt hatte, wurde nach dem *Bretton Woods Abkommen* zwar die Golddeckung noch weiterhin aufrechterhalten. >>Ständige US-Leistungsbilanzdefizite mussten jedoch irgendwann das Vertrauen in den Dollar untergraben. [45] Dieses System endete 1973. Am 15. August 1971 hob US-Präsident Richard Nixon die Bindung des Dollar an Gold auf (Nixon-Schock). <<[46]

Wie die weitere Entwicklung bis heute zeigt, hat diese Aufhebung des Goldstandards der Wertschätzung des US Dollars nicht geschadet. Zwar haben die USA und auch die europäischen Notenbanken wieder Goldbestände. Aber diese lagern in Tresoren und haben für die Geldversorgung so gut wie keine Bedeutung. Oder hat sich die europäische Zentralbank, als sie damit begann, die Geldmenge um monatlich bis zu 80 Mrd. € zu erhöhen, an ihren Goldbeständen orientiert?

Den Versuchen, durch eine enorme Erhöhung der Geldmenge eine Depression zu verhindern und Investitionen anzuregen, fiel auch noch eine weitere Illusion zum Opfer: der Glaube, dass eine Geldmengenerhöhung automatisch zu einer Inflation führt.

Dabei wurde Geldschöpfung mit zusätzlicher volkswirtschaftlicher Nachfrage nahezu gleichgesetzt wurde. Daraus resultieren dann die Theorien, dass Geldschöpfung, soweit sie über den realwirtschaftlichen Zahlungsbedarf hinausgeht, automatisch zusätzliche Nachfrage ist und damit Inflation bedeutet. Dieser Glaube wurde noch vor wenigen Jahren von Wirtschaftlern als wissenschaftliche Erkenntnis verkauft.

Unterbewertet wird dabei:
1. wie weit das zusätzliche Geld unteren Einkommensschichten zufließt, die es bevorzugt für Konsumausgaben verwenden, und wie weit es Vermögenden, die es weitgehend sparen,
2. der Liquiditätsbedarf, insbesondere der Kapitalmarktspieler, der ein Vielfaches des realwirtschaftlichen Liquiditätsbedarfes ist, und
3. die Tatsache, dass auch in Währung investiert wird, und zwar je anerkannter eine Währung ist, umso mehr. Es wurde nicht gesehen, dass Liquidität für sich einen Wert hat. Das heißt: Unternehmen und Private müssen nicht unbedingt Gold anhäufen, es reicht, wenn sie Geld horten, um inflationären Wirtschaftsentwicklungen zu begegnen.

Nach wie vor wird Geld aber als ein *Schuldschein der Notenbank* behandelt, der nicht unbedingt mehr durch Gold gedeckt werden muss, wohl aber stattdessen durch werthaltige Sicherheiten.

Geld ist jedoch kein Schuldschein, sondern ein *Produkt* des Staates, das als Zahlungsmittel verwendet wird. In uralten Zeiten wurde auch mit Rindern und Schafen bezahlt, später mehr und mehr mit Edelmetallen, die dann noch später zu staatlichen Münzen geprägt wurden.

Schon mit der Münzprägung verband sich mit dem Wert des Edelmetalls die *Staatsautorität*, das heißt: In einer Münze wurde nicht nur der Metallwert, sondern

---

[45] Gerhard Rübel: *Grundlagen der monetären Außenwirtschaft*, Oldenbourg Wissenschaftsverlag, 2009, ISBN 978-3-486-59081-4, S. 157 ff.
[46] https://de.wikipedia.org/wiki/Goldstandard

auch die Staatsautorität gewertet. Mit der Herausgabe des Papiergelds, trat der dadurch repräsentierte Metallwert immer mehr in den Hintergrund und spielt heute bei der Bewertung von Währungen so gut wie keine Rolle mehr. Ein Papiergeldschein ist genauso ein Produkt, wie eine Versicherungspolice, eine Baugenehmigung oder ein Kraftfahrzeugschein.

Der Wert des Geldes bestimmt sich einerseits nach der Bedeutung und Mächtigkeit des Staates, der das Geld zur Verfügung stellt, und andererseits wie bei allen Waren nach seiner relativen Knappheit. Letzteres galt auch schon für reine Metallwährungen.

Da in der Geld- und Wirtschaftstheorie jedoch an der Fiktion eines Substanzwertes des Geldes, festgehalten wird, das heißt, dass das Geld durch einen materiellen Wert gedeckt sein müsse, und der Produktcharakter des Geldes nicht erkannt wird, wird Geld wie ein Schuldschein behandelt.

Die Notenbanken sind der Währungsstabilität verpflichtet und haben insoweit eine unabhängige Entscheidungsgewalt. Sie sind aber dennoch ein Teil des Staates. Wenn sie den Geschäftsbanken Notenbank-Geld zur Fügung stellen, dann verlangen sie dafür Sicherheiten und als bevorzugte Sicherheiten gelten Staatsanleihen.[47]

Insoweit die Notenbanken Staatsanleihen halten, finanzieren sich somit die Staaten selbst. Die auf die Staatsschulden fälligen Zinsen fließen ihnen auch wieder über die Ausschüttungen der Notenbanken an die Staaten zurück. In Höhe der von den Notenbanken gehaltenen Staatspapiere saldieren sich Schulden und Guthaben, existiert eine Nettoverschuldung der öffentlichen Hand also gar nicht. Trotzdem werden die von den Notenbanken gehaltenen Staatsanleihen auch als Staatsschulden gerechnet.

Würde das vom Staat zur Fügung gestellte Geld als ein Produkt des Staates anerkannt, dann würde sich in gleichem Umfang die Staatsverschuldung reduzieren.

Eine solche Geldbewertung würde auch der Volkswirtschaftlichen Gesamtrechnung entsprechen. Denn, welche Wirkung hat die Erhöhung der Geldmenge für die volkswirtschaftliche Angebots- und Nachfragebilanz?

Wie bereits erwähnt, müssen im wirtschaftlichen Gleichgewicht alle Produkte und Dienstleistungen einer Periode gekauft werden aus der Summe der Ansprüche, die im Zuge der Produktion von Gütern und Dienstleistungen entstehen. Soweit Einkommensbezieher aber *Geld* kaufen und Geld horten, wenn auch nur, um ihre Liquidität zu erhöhen, fehlen diese Einkommensanteile als volkswirtschaftliche Nachfrage. Wird Geld aber als Produkt der Staaten anerkannt, dann wachsen den Staaten in Höhe der Netto-Geldvermehrung Einnahmen zu, die dann anstelle der Käufer von Liquidität ausgegeben werden können.

Werden somit die heutigen Verbindlichkeiten für herausgegebenes Geld in den Notenbanken-Bilanzen in *verkaufte Waren* umgewandelt, würden die nationalen Notenbanken in die Lage versetzt, in Höhe der Geldschöpfung Staatsschulden zu vernichten.

---

[47] An sich ist diese Annahme unberechtigt, weil der Staat unter normalen Gegebenheiten seine Schulden nicht zurückzahlen kann und die Rückzahlungsfähigkeiten von der Refinanzierungsmöglichkeit abhängt, also von den „Märkten" selbst.

Dem Produktcharakter des Geldes Geltung zu verschaffen, hat sich die sogenannte *Vollgeldinitiative* zum Ziel gesetzt. Im Juni 2018 gab es dazu sogar eine Volksabstimmung in der Schweiz, die eine Umstellung auf Vollgeld, das heißt, die Anerkennung des Produktcharakters des Geldes verfolgt. Leider stimmten nur 25 % der Wahlberechtigten für die Umstellung.

Vollgeld heißt diese Initiative auch deswegen, weil sie zusätzlich den Geschäftsbanken die Möglichkeit der Buchgeldschöpfung verbieten will.

Bisher brauchen Banken nur so viel Notenbank-Geld, wie die Gefahr besteht, dass zugesagte Kredite zu Barauszahlungen führen. Soweit gewährte Kredite jedoch nur zwischen Banken zirkulieren durch Überweisung von einem Konto auf ein anderes, wird kein Bargeld benötigt. Man nennt die eingeräumten Bankkredite, durch die Zahlungsmöglichkeiten erhöht werden, deshalb Buchgeld. Die meisten Zahlungen sind Buchgeldzahlungen. Auch jede Bezahlung mit einer Kreditkarte oder Girokarte ist eine Buchgeldzahlung.

Bargeldeinlagen von Bankkunden und Sparguthaben sowie natürlich auch ihr Eigenkapital können die Banken somit mehrfach ausleihen. In kritischen Zeiten kann es jedoch vorkommen, dass die Kunden ihr Bargeld überstürzt abziehen, dann kommen Banken in Zahlungsschwierigkeiten. Um diese zu minimieren, verlangen die Notenbanken, dass ein Teil der Einlagen als sogenannte *Mindestreserve* bei den Notenbanken zu halten sind. Auch gibt es Vorschriften, um wie viele mal Kredite in Bezug auf das Eigenkapital der Banken ausgeliehen werden dürfen.

Die Vollgeld-Initiative[48] stört sich an der Möglichkeit der Buchgeldschöpfung durch die Banken und der damit bei Ihnen anfallenden Zinsen. Sie möchte erreichen, dass nur die Notenbanken Geld zur Verfügung stellen dürfen. Das würde bedeuten, dass die Banken nur in Höhe ihrer Barmittel, die sie durch Eigenkapital, private Einleger und Sparer oder von der Notenbank erwerben, Kredite gewähren können. Sie verspricht sich davon,

1. dass im Umfang des gesamten wirtschaftlichen Liquiditätsbedarfes d.h. inklusive des Buchgeldes, nur die Notenbanken Geld zu Verfügung stellen und daran verdienen und mit ihnen natürlich die beteiligten Staaten,
2. die Gefahr von Bankenkrisen erheblich verringert wird, denn nach dem gegenwärtigen System ist es so, dass bei Bankverlusten ein Vielfaches davon an Buchgeld aufgelöst werden müsste, die Liquidität der Wirtschaft somit stärker gefährdet wäre, als wenn die Banken nur so viel ausleihen, wie sie selbst an Geld einnehmen.

Ein völliges Verbot der Buchgeldschöpfung würde voraussichtlich die Flexibilität notwendiger Geldschöpfung und ausreichende Erträge für die Banken zu stark beeinträchtigen. Um die Gefahr von Bankzusammenbrüchen einzuschränken, dürfte es reichen, die heute ohnehin sehr geringen Mindestreserve-Sätze (in Deutschland zurzeit ein Prozent) und die Höhe des von Banken vorzuhalten Eigenkapitals im Verhältnis zu den ausgeliehenen Krediten (zurzeit 8 %) zu erhöhen. Durch eine Erhöhung der Mindestreservesätze, würde sich auch die umlaufende Notenbank-Geldmenge zulasten der Buchgeldschöpfung erhöhen und würden damit den Staaten zusätzliche Mittel zufließen.

---

[48] https://www.vollgeld-initiative.ch/

B. Die Überwindung der politischen Illusionen und deren Folgen durch eine verantwortliche Europapolitik

Mit der rasanten wirtschaftlichen und gesellschaftlichen Entwicklung der letzten 100 Jahre wuchs auch das Konfliktpotenzial in der Welt. Im Rahmen der Globalisierung der europäischen Wirtschaft und Gesellschaft wurden traditionelle Völkerschaften aus ihren überkommenen Gesellschaftsstrukturen herausgerissen. Die ungleiche Wirtschaftsentwicklung zwischen Industrieländern und Entwicklungsländern, aber auch Agrarländern und eine immer ungleicher werdende Vermögens- und Einkommensentwicklung in allen Ländern entlädt sich in den vielfältigen sozialen und religiösen Spannungen und löst riesige Flüchtlingswellen in der Welt aus.

Weltweit operierende Konzerne und sogenannte Globalplayer gewannen eine solche internationale Macht, dass sie von nationalen Regierungen kaum mehr gelenkt werden können, Schwellenländer streben zunehmend auch nach internationaler Macht und Atomwaffen, durch die sich die traditionellen Mächte bedroht fühlen. Die mit der industriellen Entwicklung verbundenen Umweltschäden, drohen die Welt zu vergiften und bewirken weltweite Klimaveränderungen mit unabsehbaren Folgen.

Das mit den herrschenden wirtschaftlichen und gesellschaftlichen Lehren verwachsene Establishment wehrt sich gegen seine Entmachtung und predigt weiterhin die bisher geltenden Erfolgsrezepte, die sich aber zunehmend als Illusionen erweisen. Ihre Lehren und Aktionen werden von den sogenannten sozial „Abgehängten" der Gesellschaft als Lügen wahrgenommen und provozieren Gegenpositionen und *alternative Fakten*.

Was wahr, was falsch ist, verschwimmt, die Rationalität der Argumentation löst sich auf. Es entsteht ein Nährboden für rechte, linke und utopische Trumps. Von ihnen initiierte populistische Strömungen erhalten Zulauf. Durch die Wahl Donald Trumps zum Präsidenten der Vereinigten Staaten von Amerika, der wie ein Kobold die etablierten Ordnungen zerstört, droht das Chaos weiter zu eskalieren.

Eine weitere Illusion wäre es jedoch zu glauben, dass die übrigen Mächte Trump einhegen und zu den traditionellen Verhaltensweisen zurückführen können. Denn Donald Trump wie auch die anderen Trumps sind das Ergebnis des Zerbrechens der bisherigen Weltordnung. Die etablierten Parteien und herrschenden Lehren beklagen das Zerbrechen des westlichen gesellschaftlichen und wirtschaftlichen Wertesystems. Sie müssen aber erkennen, dass das Wertesystem nicht zerbrochen ist, sondern die Form seiner Verwirklichung zu Perversionen geführt hat. Zur Überwindung der gesellschaftlichen und wirtschaftlichen Krise müssen die aus den europäischen Werten entwickelten Leitbilder neu definiert werden.

I. Leitbilder für eine europäische Außenpolitik

1. Stärkung des außenpolitischen Eigengewichts Europas insbesondere auch durch Verringerung der Abhängigkeit von den USA

Außenpolitisch ist die unberechenbare Politik Donald Trumps für Europa besonders gefährlich, weil Europa sich nicht mehr unbedingt auf die militärische Unterstützung und den atomaren Schirm der USA verlassen kann. Auch ist nicht ausgeschlossen, dass Donald Trump sich mit Wladimir Putin über den Kopf der übrigen Welt und auch Europas auf irgendeinen Interessenausgleich zwischen diesen beiden Supermächten zulasten anderer einigt. Zwar könnte eine Entspannung zwischen den USA und Russland den Weltfrieden fördern. Aber zu welchem Preis ist unsicher.

Man kann unterschiedlicher Meinung darüber sein, wieweit die NATO als Verteidigungsbündnis noch gebraucht wird. Sie wurde seinerzeit gegründet, um der Gefahr einer Ausdehnung des kommunistischen Blockes nach Westen zu begegnen. Trotzdem wurde die NATO nach dem Ende des Kalten Krieges nicht aufgelöst, sondern die militärischen Ausgaben wurden nur erheblich reduziert. Durch den Ukraine-Konflikt kam, insbesondere in den osteuropäischen Ländern, wieder ein Bedrohungsgefühl auf, das zu steigenden Militärausgaben Anlass gab.

Wie dargelegt wurde, dürfte die Angst vor einer Ausdehnung Russlands jedoch unberechtigt sein. Wenn aber dennoch eine Gefahr von Teilen der Bevölkerung und einzelnen Ländern gesehen wird und deswegen auf die Mitgliedschaft der USA und ihren Atomschirm nicht verzichtet werden soll, dann müssen die eigenen Verteidigungsanstrengungen der europäischen Staaten einen möglichen Wegfall der US-Unterstützung ausgleichen. Insbesondere Deutschland muss seinen im Verhältnis zum Bruttoinlandsprodukt geringen Verteidigungshaushalt erheblich erhöhen.

Europa darf sich nicht militärisch und politisch abhängig machen von Erpressungsversuchen der USA. Deswegen sollte die gemeinsame Verteidigung auch organisatorisch von den USA unabhängig gemacht werden in Form einer speziellen Europäischen Streitmacht, die es zwar erlaubt, dass jedes Land seine eigene eigenen Verteidigungskräfte unterhält, diese aber bei gemeinsamen Aktionen – auch im Rahmen der NATO – unter ein einheitliches Kommando gestellt werden können. Eine Intensivierung der militärischen Kooperation unter den europäischen Ländern fördert zweifellos auch die europäische Integration insgesamt.

Europa sollte zwar keine Ambitionen entwickeln, wie die USA als Weltpolizist aufzutreten, sondern überall versuchen, auf diplomatischem Wege zu Konfliktlösungen beizutragen. Dennoch können terroristische Gruppen, insbesondere in Afrika und Nahost, denen die lokalen Regierungen nicht gewachsen sind, militärisches Eingreifen erforderlich machen, soweit die USA dafür nicht mehr zur Verfügung stehen.

Dabei müssen nicht alle Aktionen von allen Ländern getragen werden. In einzelnen Situationen, je nach Bindung eines europäischen Landes zu einem bestimmten Konfliktherd, kann es sinnvoll sein, dass nur dieses Land allein oder mit Unterstützung einiger anderer militärisch eingreift, ein anderes europäisches Land aber versucht, eine Konfliktlösung zu moderieren. Insgesamt ist aber das politische Gewicht

Europas – man mag das bedauern – auch für Friedenslösungen umso größer, je stärker Europa auch militärisch eingreifen *könnte*.

Wie weit die Verteidigungsausgaben erhöht werden müssen, sollte anhand des Bedrohungspotenzials und anderer gemeinsamer Aufgaben beurteilt werden. Vorrangig sollten zur Erhöhung des militärischen Potenzials die Rationalisierungsmöglichkeiten durch militärische Kooperation und gemeinsame militärische Ausrüstung ausgeschöpft werden.

Vordringlich, auch für Europa, ist die Befriedigung des Nahen Ostens und die Beendigung der Konflikte zwischen der Ukraine und Russland. Die Lösung beider Konflikte wird nicht nur durch unterschiedliche Interessen, sondern noch weit mehr durch Prinzipienreiterei blockiert und diese Blockaden betreffen die Politik Russlands, das die Schlüssel für die Lösung der Probleme in Syrien und in Bezug auf die Ukraine in der Hand hält. Russland wünscht genauso die Lösung dieser Konflikte.

2. Leitfaden für eine europäische Nahostpolitik

Europa hat sich im Nahostkonflikt zwar an der Bekämpfung des IS beteiligt, hat aber in Bezug auf eine Friedenslösung nur illusionäre Vorstellungen von einer Demokratisierung Syriens entwickelt. Unterschätzt werden insbesondere die Islamisten, die außer dem IS zum Teil in Kooperation mit säkularen Widerständlern gegen das Assad-Regime kämpfen, in ihrer Zielrichtung aber sich kaum vom IS unterscheiden und sich daher wohl nicht in eine demokratische Verfassung Syriens einbinden lassen werden.

Realistischer war die Politik Russlands. Russland sieht eine Befriedigung des Nahen Ostens nur durch eine Restaurierung des relativ säkularen international anerkannten Syrien. Syrien wird zwar von einer religiösen Minderheit, den Alawiten, dominiert. Die sunnitische Mehrheits-Religion wird zwar anerkannt, genauso wie andere Religionsgruppen ihren Glauben leben können und daher Assad unterstützen. Die aus der Mehrheit der Sunniten aber immer wieder hervorbrechenden islamistischen Widerstände gegen das etablierte Regime werden jedoch brutal unterdrückt.

Leider muss gefragt werden, ob gegenüber den Islamisten angesichts ihres Fanatismus, ihren atavistischen Gottesstaatsidealen und ihrer zumindest latent terroristischen Gewaltbereitschaft eine andere als die mit harter Hand überhaupt möglich ist? Was wäre aus Tschetschenien und Ägypten geworden, wenn Wladimir Putin und al Sissi nicht gewaltsam gegen die Islamisten vorgegangen wären, und zwar nicht nur für die Tschetschenen und Ägypter selbst, sondern auch für die übrige Welt?

Wie bereits erwähnt, muss bei der Beurteilung der Verhältnisse in diesen Ländern bewusst bleiben, dass beim Umsturz zwar andere Kräfte an die Macht kommen, erfahrungsgemäß aber die bisher Unterdrückten dann selbst zu gleichen oder sogar schlimmeren Unterdrückungsmaßnahmen greifen. Jedenfalls dürfte sich ein restauriertes Syrien eher zu einem säkularen und demokratischen System weiterentwickeln lassen, als ein Syrien, das von Islamisten beherrscht wird.

Deswegen sollte Europa zwar darauf hinwirken, dass der Assad-Clan spätestens nach einem Übergang abtritt. Im Prinzip ist aber eine Restaurierung des alten Syrien die bessere Variante, wozu offensichtlich auch Israel neigt und sich die USA bereitfinden. Allerdings sollten die Kurden ihre schwer erkämpften Autonomiegebiete behalten dürfen, zumal sie eine relativ säkulare Politik verfolgen.

In Bezug auf den Iran muss Europa, schon um glaubhaft zu bleiben, zwar an dem Iranabkommen festhalten, darf aber zugleich nicht die Augen davor verschließen, dass der Iran seine Raketenentwicklung forciert und politischen und religiösen Einfluss nimmt auf den Irak, Syrien, den Libanon, die Hamas im Gazastreifen und den Jemen, wodurch potentielle Konflikte mit Israel und Saudi-Arabien provoziert werden. Europa sollte deswegen die brutale Sanktionspolitik der USA, mit dem Donald Trump die Verhandlungsbereitschaft des Iran erhöhen will, diplomatisch nutzen.

Eine Schlüsselstellung im Nahostkonflikt hat die Türkei. Durch die von Ecip Erdogan verfolgten Träume von einer Wiederbelebung des Osmanischen Reiches und seinem dabei verfolgten engstirnigen türkischen Nationalismus wird er nicht nur ein Hemmnis, sondern zugleich eine Gefahr für den Frieden im Nahen und Mittleren Osten. Auch hier kann die Sanktionspolitik Donald Trumps dazu beitragen, dass er an einer Friedenslösung mitwirkt.

Angestrebt werden sollte, dass Erdogan wieder auf die Kurden zugeht und den einmal angefangenen Versöhnungsprozess fortsetzt. Leitfaden für die Lösung der Kurdenfrage könnten die Vorschläge sein, die der 2007 in der Türkei eingesperrte Kurdenführer, Abdullah Öcalan, an die internationale Konferenz „EU, die Türkei und die Kurden" schickte:

>>Die kurdische Frage sollte als grundlegende Frage der Demokratisierung behandelt werden, die kurdische Identität sollte gesetzlich und verfassungsmäßig garantiert werden. Ein bloßer Artikel in der neuen Verfassung mit dem Wortlaut „Die Verfassung der türkischen Republik erkennt die Existenz und den Ausdruck aller Kulturen auf demokratische Weise an" würde diese Forderung bereits erfüllen.

Linguistische und kulturelle Rechte sollten gesetzlichen Schutz erhalten. Es sollte keine Beschränkung für Radio, Fernsehen und Presse geben. Kurdische und anderssprachige Sendungen sollten denselben Regeln und Institutionen unterliegen wie türkische Radio- und Fernsehsendungen. Auch für kulturelle Aktivitäten sollten die gleichen Gesetze und Prozeduren gelten.

Kurdisch sollte als Schulsprache in Grundschulen Verwendung finden. Jeder, der dies möchte, sollte sein Kind auf solchen Schulen einschulen können. Auf Gymnasien sollten Unterrichtseinheiten über kurdische Kultur, Sprache und Literatur als Wahlfach angeboten werden. An Universitäten hingegen sollten Institute für kurdische Sprache, Literatur, Kultur und Geschichte eingerichtet werden.

Alle Hindernisse für die Meinungs- und Organisationsfreiheit sollten aufgehoben und sämtliche Bedingungen für freie politische Betätigung geschaffen werden. Auch bei Themen, die die kurdische Frage berühren, müssen diese Freiheiten ohne Einschränkungen gelten.

Die Parteien- und Wahlgesetze sollten demokratisiert werden und so garantiert werden, dass das kurdische Volk und alle demokratischen Kräfte sich nach eigenem Willen an der demokratischen Willensbildung beteiligen können.

Durch die Verabschiedung eines demokratischen Kommunalverwaltungsgesetzes sollte die Demokratie vertieft und ausgeweitet werden.

Das Dorfschützersystem und die illegitimen Banden, die sich im Staat eingenistet haben, müssen aufgelöst werden.

Die Rückkehr der während des Krieges aus ihren Dörfern unter Zwang vertriebenen Bewohner sollte erlaubt werden. Dafür sind die notwendigen administrativen, rechtlichen, wirtschaftlichen und sozialen Maßnahmen zu treffen. Daneben sollte eine Kampagne für wirtschaftliche Entwicklung gestartet und das Wohlstandsniveau der Kurden durch Anreize und andere Maßnahmen gehoben werden.

Es sollte ein Gesetz für gesellschaftlichen Frieden und demokratische Beteiligung verabschiedet werden. Durch dieses Gesetz sollte den Mitgliedern der Guerilla, den Inhaftierten und allen, die ins Exil gehen mussten, ohne Vorbedingungen die Teilnahme am demokratischen, politischen Leben ermöglicht werden.<<[49]

Ausführlicher behandle ich die Problematik der Kurden in dem Buch: *Segen und Opfer der Globalisierung.*[50]

3. Der Ukraine-Konflikt

In Bezug auf die Krim wurde bereits herausgearbeitet, warum eine Rückgabe an die Ukraine als ausgeschlossen anzusehen ist. Da beide Seiten auf ihrer Position bestehen bleiben werden, kann die Lösung nur ein Konsens des Dissenses sein mit der Bereitschaft, dass dieser Dissens die zukünftigen Beziehungen nicht behindern soll.

Die Konflikte über das Donezbecken können nur gelöst werden, wenn die Ukraine sich verpflichtet, nicht Mitglied der Europäischen Union und schon gar nicht der NATO zu werden. Zugleich müsste die Ukraine in eine Art Bundesstaat, wie die Bundesrepublik Deutschland, überführt werden, sodass die einzelnen Regionen ihr kulturelles Eigenleben entfalten können. Wirtschaftlich könnte die Ukraine sich dadurch zu einem Brückenstaat zwischen Ost und West entwickeln.

Die Sicherheit der Ukraine wäre durch eine Garantie der NATO und Russlands zu garantieren. Dann könnten alle Sanktionen Russen gegenüber aufgehoben werden und sich die Wirtschaftsbeziehungen auch gerade zwischen der Ukraine und Russland fruchtbar entwickeln.

Stark behindert wird die Möglichkeit einer Ukrainelösung durch die Ukraine selbst und die baltischen Staaten und Polen. Die baltischen Staaten haben sicherlich noch eine traumatische Erinnerung an ihre Einverleibung in Russland und später die Sowjetunion.

Polen hat sich immer als Konkurrent Russlands verstanden und als der wahre Hort slawischer Tradition. Russland galt als gewalttätige asiatische Macht. Zudem trennen beide Länder ihre Konfession. Die Polen sind überwiegend römisch-katholisch und die Russen orthodox. Entsprechend neigen sie dazu, sich wechselseitig als christliche Häretiker zu bewerten.

Bei dem derzeitigen Führer der regierenden polnischen Partei *PiS Recht und Gerechtigkeit,* Jarosław Aleksander Kaczyński, mit seinem Kult für den beim Flugzeugabsturz in Smolensk getöteten Zwillingsbruder und damaligen Präsidenten Polens, Lech Kaczyński, und der Behauptung, dass dieser Flugzeugabsturz durch Russland initiiert wurde, bekommt die Russophobie geradezu pathologische Züge.

---

[49] Abdullah Öcalan: *Lösungsvorschläge für die kurdische Frage in der Türkei,* 2007, http://freedom-for-ocalan.com/deutsch/download/vorschlaege-fuer-eine-politische-loesung.pdf.
[50] Uwe Petersen: *Segen und Opfer der Globalisierung. a.a.O.,* S. 159-167.

Sollten deswegen die osteuropäischen Länder der Europäischen Union ihre Zustimmung von zusätzlicher Sicherheitsgewährung abhängig machen, dann müsste ihnen diese zugestanden und von Russland akzeptiert werden.

Die USA sind in ihrer Russophobie so extrem, dass ihnen an einem Weiterschwelen der Ukraine-Konflikte sogar gelegen sein kann, gibt es doch die Möglichkeit, die Sanktionen aufrechtzuerhalten, Russland zu schwächen und die USA als alternativer Energielieferant ins Spiel zu bringen. Man beachte Donald Trumps Vorwürfe gegen Deutschland, dass durch Gasbezüge Russland reich gemacht werde.

Aus einer solchen Interessenlage könnten sich die USA mit den osteuropäischen Anrainerländern Russlands verbinden und die Ukraine militärisch aufrüsten und so Europa spalten.

Donald Trump selbst spielt zwar auch mit diesen Optionen. Er ist andererseits jedoch entgegen dem amerikanischen Establishment an einem Ausgleich mit Russland interessiert und könnte, um zu globalen Regelungen zu kommen, gerade auch im Hinblick auf den Nahostkonflikt, auch bereit sein, die Krim zu opfern.

Der Rückzug der USA aus der Weltpolitik bahnte sich schon vor Donald Trump an und wurde von ihm nur radikalisiert. Er zwingt Europa, sich stärker auf Eurasien zu konzentrieren. Dazu müssen die Illusionen überwunden werden, dass

1. in Staaten wie Russland und China die gleichen gesellschaftlichen Normen gelten müssen wie für Europa. Das heißt nicht, dass liberale Gesellschaftsprinzipien nicht immer wieder angemahnt werden sollten. Sie dürfen aber allenfalls bedingt politikbestimmend sein.
2. die Krim wieder ein Teil der Ukrainer wird,
3. Europa sich weiterhin auf den Atomschirm und die militärische Macht der USA verlassen kann. Europa muss deswegen so schnell wie möglich, militärisch unabhängiger werden. Zwar sollte weiterhin Europa alles tun, um Konflikte diplomatisch zu lösen. Aber auch diese Lösungsmöglichkeiten erhöhen sich, wenn Europa auch militärisch stark genug ist.

II. Leitfaden für eine europäische Flüchtlingspolitik

Für alle wahren Menschen ist es unerträglich, wenn Menschen aus ihren Ländern fliehen müssen und auf dem Wege in gesicherte Gebiete verdursten, ertrinken oder durch Gangster ausgeraubt werden oder gar getötet werden. Deshalb ist es selbstverständliche Menschenpflicht, solchen Menschen zu helfen. Eine solche Hilfe kann aber nur soweit gehen, wie die Aufnahme von Flüchtlingen nicht die Aufnahmeländer destabilisiert.

Man mache sich nur einmal klar, welche Ablehnung ein Städter, der in ein Dorf zieht, dort erfahren kann, wenn es ihm nicht gelingt, sich in die Dorfgemeinschaft einzuleben. Man beachte zum Beispiel, welche Gefühle Schwaben gegenüber Berlinern haben oder Schleswig-Holsteiner gegenüber Süddeutschen. Wie viel mehr Schwierigkeiten macht es dann, dass Menschen aus anderen Ländern, Kulturen und Religionen in einem fremden Land Fuß zu fassen.

Fremdheitsgefühle, die sich bis zu Aggressionen auswachsen können, haben auch die Zuwandernden. Wenn sie nicht vereinzelt kommen und gezwungen sind, um nicht zu vereinsamen, sich in die neue Gesellschaft zu integrieren, bilden Ausländer erfahrungsgemäß Parallelgesellschaften: so Russlanddeutsche, seinerzeit in Russland und heute oft auch in Deutschland, Chinatowns, Türken in Deutschland, um nur wenige Beispiele zu nennen. Am Beispiel der Türken, die bereits mehrere Generationen in Deutschland leben, kann abgelesen werden, wie schwierig die Integration fremder Menschen ist.

Handelt es sich bei den Ausländern um überschaubare Gruppen, dann mögen sich die Gesellschaften darauf einstellen, wie die Deutschen in Russland eigene Gemeinschaften bildeten und mit den Russen zusammenlebten. Kommen sie dagegen in riesigen Scharen, dann wird mehr und mehr die Hilfsbereitschaft in den aufnehmenden Ländern überstrapaziert und bahnen sich Konflikte an. Wie dargestellt ist in Europa sogar die sprichwörtliche Weltoffenheit der Skandinavier an ihre Grenzen gestoßen.

In einer solchen Situation bleibt dann nur eine weitgehende Abschottung. Diese kann nur gelockert werden, wenn und soweit

1. die soziale Unterstützung für weniger Bemittelte im Lande soweit angehoben wird und genügend Wohnraum geschaffen wird, dass in Bezug auf Hilfen für Flüchtlinge kein Sozialneid entsteht.
2. nur solchen Flüchtlingen ein Bleiberecht eingeräumt wird, die die gesellschaftlichen Bedingungen und Verhaltensweisen des Gastlandes auch gegenüber Frauen akzeptieren und die deutsche Sprache lernen.
3. Initiativen zur Integration von Flüchtlingen massiv unterstützt oder geschaffen werden, insbesondere in ländlichen Bezirken.

Nur wenn und soweit es gelingt Flüchtlinge zu integrieren, können sie eine Bereicherung sein und zugleich die Beziehungen zu ihren Heimatländern und deren Weiterentwicklung fördern.

Darüber hinaus sollte natürlich alles getan werden, dass die Lebensbedingungen in den Ursprungsländern der Flüchtlinge verbessert werden und damit die Fluchtursachen entfallen.

Bei einer solchen Politik darf notfalls auf Härte gegen Flüchtlinge nicht verzichtet werden. Zwar sollten, wie beabsichtigt, Auffanglager für Flüchtlinge außerhalb Europas geschaffen werden, in denen berechtigte Asylanten ausgewählt und gefahrlos nach Europa transportiert werden können. Dennoch kann das Risiko von Flüchtlingen, die trotz aller Warnungen und Gefahren nach Europa aufbrechen und dabei umkommen, den Flüchtlingen nicht abgenommen werden. Die Hilfe für Flüchtlinge muss gegen die mögliche Destabilisierung der Heimatländer abgewogen werden.

Solange diese Erkenntnisse von Gutmenschen und Multikulti-Schwärmern, insbesondere bei den Grünen und der Partei der Linken, nicht realisiert werden, braucht es eine AfD, in denen sich die Unzufriedenen artikulieren können. Bei allem Widerstand gegen fremdenfeindliche Tendenzen in der AfD sollte beachtet werden, dass, wenn es die AfD nicht gäbe, noch radikalere und gewaltbereite Gruppen die Gesellschaft destabilisieren würden.

III. Leitfaden für eine europäische Wirtschafts- und Entwicklungspolitik

1. Leitfaden für europäische Außenwirtschaftspolitik

Die wissenschaftliche, technische und wirtschaftliche Entwicklung hat Europa und Nordamerika zu den führenden Ländern der Welt werden lassen. Im Zuge der Globalisierung wurden die westlichen Errungenschaften über die ganze Welt verbreitet. Dabei wurden Produktionsstätten in Entwicklung und Schwellenländer verlagert mit der Folge, dass weniger Qualifizierte im eigenen Land in Konkurrenz zu Arbeitskräften in den Entwicklungsländern kamen und entweder arbeitslos wurden oder relativ zu den qualifizierteren Arbeitskräften verarmten.

Die Vermögens- und Einkommensunterschiede wurden auch dadurch potenziert, dass die Bürger umso mehr sparen konnten, je mehr sie verdienten, dadurch ein Vermögen ansammelten, dass ihnen zusätzliche Kapitaleinkünfte und Grundrenten beschert.

Unter der dadurch zunehmenden Spaltung der Gesellschaft leiden alle Industrieländer. Unter anderem als Folge der Verlagerung von Produktionsbetrieben in Billiglohnländer haben die USA und das Vereinigte Königreich einen chronischen Importüberschuss zu beklagen. Weggefallene attraktive Arbeitsplätze für weniger Qualifizierte, deren sozialer Abstieg und die Verschärfung ihrer sozialen Not und Überfremdung durch Flüchtlingsströme hat in allen Industrieländern eher rechtsradikale Strömungen entstehen lassen.

Donald Trumps Forderung, traditionelle Fertigungen durch hohe Zölle wieder in den USA wettbewerbsfähig zu machen und so soziale Spannungen im eigenen Land abzubauen, ist daher verständlich. Denn der durch Außenwirtschaftsbarrieren bedingte Bedarf an weniger qualifizierten Arbeitskräften erhöht die Nachfrage nach Arbeitskräften und stärkt die Gewerkschaften, sodass diese eher höhere Löhne durchsetzen können und die Produktionsfortschritte und Rationalisierungen nicht mehr allein den Kapitaleignern und Unternehmen und höher Qualifizierten zufließen.

Als Folge der Autarkiebestrebungen nimmt der internationale Handelsaustausch natürlich ab und erhöhen sich die Lohnkosten. Das wirtschaftliche Wachstum braucht aber, noch begünstigt durch die Möglichkeiten der fraktalen kombinierten Herstellung aller Teile an einem Ort, nicht geringer zu wachsen, vorausgesetzt der durch Zollschranken begrenzte Markt ist genügend groß. Deswegen ist für die USA durch höhere Zollgrenzen und das Zurückholen traditioneller Fertigungsbetriebe eher ein größeres Wachstum zu erwarten. Alle namhaften Firmen werden interessiert sein, in den USA vertreten zu sein und dort für den US-Markt zu produzieren. Wegen der voraussichtlich höheren Löhne wird auch die Kaufkraft größer sein.

Natürlich ist im Übergang von der gegenwärtigen liberalisierten Weltwirtschaft zur Autarkie zunächst mit Rückschlägen zu rechnen. So werden selbstverständlich auch amerikanische Firmen nicht mehr so viel ins Ausland exportieren und eher im Ausland Produktionsstätten errichten müssen, weil dort als Antwort auf die amerikanischen Autarkiebestrebungen auch entsprechende Außenhandelsbarrieren hochgezogen werden.

Die Unternehmen und Kapitaleigner müssen natürlich mit einer kostenträchtigen Umorganisation ihres über alle Länder verstreuten Produktionsnetzes und mit tendenziell höher Lohnkosten rechnen und laufen deswegen gegen diese Autarkiebestrebungen Sturm mit dem Argument, dass freier Handel den allgemeinen Wohlstand erhöht. Aber das Illusionäre dieser These wurde bereits dargelegt.

Wegen des Widerstands der Wirtschaft und der nach wie vor das Denken beherrschenden Illusion von den politischen Vorteilen eines möglichst freien Welthandels wird vom internationalen politischen Establishment jedoch an dieser neoliberalen Illusion festgehalten. Zwar werden die Exportüberschüsse Deutschlands, Chinas und Japans als die Weltwirtschaft schädigend hin und wieder an den Pranger gestellt. Aber ohne einen Trump würde sich nichts ändern. Dabei ist der Zustand der Weltwirtschaft auch wegen dieser Außenhandelsungleichheiten extrem besorgniserregend und labil. Man stelle sich nur einmal vor, wie in der nächsten Wirtschaftskrise wegen des großen deutschen Exportüberschusses insbesondere in Deutschland der Arbeitsmarkt zusammenbrechen wird!

Zwar hofft alle Welt darauf, dass Donald Trump zur „wirtschaftlichen Vernunft" zurückkehrt. Die Wahrscheinlichkeit dazu ist aber sehr gering und, wenn er in Einzelfällen nachgeben sollte, dann bleibt seine Politik für alle übrigen Länder dennoch ein riesiger Unsicherheitsfaktor, auf die eine solide Politik nicht bauen kann.

Auch spätere US-Präsidenten werden allenfalls in einem geringen Umfang zu der bisherigen liberalen Weltwirtschaftspolitik zurückkehren. Denn, je länger sich Donald Trumps Wirtschaftspolitik ausgewirkt hat, umso mehr zeigen sich die Vorteile in Bezug auf zusätzliche Arbeitsplätze in Industriebetrieben, höhere Löhne und eine höhere Binnenkaufkraft.

Es darf nicht übersehen werden, dass die USA ein so großer Binnenmarkt sind, dass genügend Massenproduktion auch in den USA selbst möglich ist und durch technischen Fortschritt komplexe Produktion an einem Standort immer mehr möglich wird. Außerdem werden auch die amerikanischen Unternehmer durch die eingeschränkten Exportmöglichkeiten aufgrund der Importbarrieren der anderen Länder dort Fertigungsbetriebe errichten und so an der Wirtschaftsentwicklung in anderen Ländern mitverdienen.

Wenn man den offiziellen Verlautbarungen Glauben schenken darf, dann befinden sich die Industrieländer noch in einem Aufschwung. Dank Donald Trump hat sich das Wirtschaftswachstum in den USA noch einmal beschleunigt[51]. Lediglich die Staaten mit keiner oder ungesunden Wirtschaftsentwicklung, insbesondere wenn sie noch verstärkt wurde durch Sanktionen von Donald Trump wie der Iran, Russland, die Türkei, erleiden Wachstumseinbrüche, Inflation und Währungsverfall. Dennoch weiß jeder, dass die die weltwirtschaftliche Entwicklung heute geradezu ein Tanz auf dem Vulkan ist. Dabei sorgen die internationalen Verflechtungen dazu, dass Einbrüche die anderen Länder stark in Mitleidenschaft ziehen können.

Deswegen können Gegenmaßnahmen gegen die Politik Donald Trumps nach dem Motto, was schadet Amerika am meisten, nur die internationalen Beziehungen zusätzlich verwirren. Auch wäre es unsolidarisch gegenüber anderen, ebenfalls

---

[51]https://de.statista.com/statistik/daten/studie/14558/umfrage/wachstum-des-ruttoinlandsprodukts-in-den-usa/

durch amerikanische Sanktionen betroffenen Ländern, wenn Europa Sonderkonditionen mit den USA aushandeln wollte, zumal dadurch auch die ganze WTO-Ordnung der Meistbegünstigung gestört werden könnte. Es muss einfach zur Kenntnis genommen werden, dass die Weltwirtschaftsbeziehungen sich ändern.

Gegen eine zu enge internationale Verflechtung hat es aus guten Gründen schon länger Demonstrationen gegeben und wurde beispielsweise das große atlantische Abkommen TTIP zu Fall gebracht. Donald Trump hat die Dinge nur auf die Spitze getrieben und erzwingt damit ein Neudurchdenken der internationalen Wirtschaftsbeziehungen.

Bei Produkten, für die bestimmte Länder besonders potent sind, wie die Maschinenindustrie in Deutschland, werden ohnehin entweder keine Zölle erhoben oder die Zölle bezahlt, ohne dass dadurch die Unternehmen gefährdet werden. Insofern bedeuten die Autarkiebestrebungen keinesfalls einen völligen Zusammenbruch des internationalen Handels.

Anstatt dem schwindenden Handelsaustausch nachzutrauern, sollte Europa die sich aus einer größeren Autarkie ergebenen Möglichkeiten ebenfalls nutzen. Auch in Europa sollten die Zollsätze soweit angehoben werden, dass weniger qualifizierte Arbeitskräfte Arbeit in der Industrie finden und die süd- und osteuropäischen Länder als alternative Standorte für Massenproduktion und Lohnfertigung interessanter werden und dadurch der europäische Binnenhandel gefördert wird.

Eine Autarkiepolitik zwingt auch dazu, dass beispielsweise die Stahlproduktion auf den eigenen Marktbedarf abgestimmt wird, und nicht, wie heute, China die Welt mit Stahlprodukten überschwemmen kann.

Deutschland tut sich besonders schwer, vom neoliberalen Ideal des immer weiter liberalisierten Weltmarktes Abschied zu nehmen, weil es davon zurzeit besonders profitiert. Deutschlands Stärke liegt in der Herstellung von hochwertigen Industrieanlagen und Kraftfahrzeugen, die in aller Welt nachgefragt werden.

Aber betrachten wir einmal die Zukunftsperspektiven der deutschen Autoindustrie. Mit Abgasbetrügereien hat die deutsche Autoindustrie viel zu lange die Produktion von Dieselfahrzeugen aufrechterhalten können und muss mit einem Zusammenbruch des Marktes rechnen. Wenn es ihr nicht gelingt, ihren Rückstand in Bezug auf Elektro- und hybride Fahrzeuge aufzuholen, ist die Existenz der deutschen Autoindustrie sogar gefährdet.

Die technologische Aufholjagd Chinas wird es zudem der deutschen Industrie immer schwerer machen, ihre Vorzugsstellung zu halten. Außerdem bringt die Konzentration der Kommunikationstechnologie und die daraus ableitbare Logistik und Handelsaktivitäten in den USA die Produktionsunternehmen immer mehr in die Abhängigkeit großer Internet-Handelsfirmen. Deswegen wird es sich als notwendig erweisen, dem Beispiel Chinas zu folgen und eigene europäische Internet-Handelsplattformen zu fördern.

Auch in Europa wird durch die Einschränkung der Arbeitsplatzkonkurrenz der Industriearbeiter und weniger qualifizierter Dienstleistungen mit Arbeitskräften aus Entwicklungsländern das allgemeine Lohnniveau steigen, mit der Folge, dass die europäische Binnennachfrage steigt und die volkswirtschaftliche Sparrate sinkt. Damit verringert sich die Notwendigkeit von Exportüberschüssen in Deutschland, durch die fehlende Nachfrage bisher ins Ausland verlagert wurde.

Der europäische Markt ist wie der der USA groß genug, um alle notwendigen Produkte in Europa herstellen zu können.

2. Leitfaden für eine europäische Regionalpolitik

So wie die unterschiedlichen Einkommen die Einkommensverhältnisse immer ungleicher werden lassen, weil die Vermögenden mehr sparen können, als die unteren Einkommensschichten und dies nicht zuletzt aufgrund ihrer zusätzlichen Kapitaleinkommen und die Volkswirtschaften dazu tendieren, dass sich die Industrie in Industriestädten ballt und das weite Land relativ verarmt, so werden auch die einzelnen Volkswirtschaften in einer Wirtschaftsunion sich unterschiedlich entwickeln.

Sind sie zu einer Währungsunion zusammengeschlossen, dann wirkt sich die unterschiedlich starke Entwicklung der einzelnen Länder auch auf den gemeinsamen Währungskurs aus. Im Falle Europas bedeutet das, dass die Exportüberschüsse Deutschlands den Eurokurs hochtreiben mit der Folge, dass die schwächeren Länder ihre Produkte schwerer exportieren können und auch innerhalb der Eurozone durch die relativ billigeren Importe aufgrund des hohen Wechselkurses in die anderen Mitgliedsländer behindert sind.

Deswegen ist es unbedingt erforderlich, dass gezielt die Wirtschaft in den zurückgebliebenen Ländern gestärkt wird und, solange und soweit das nicht erreicht ist, Ausgleichzahlungen von den stärkeren in die schwächeren Länder fließen entsprechend dem Finanzausgleich innerhalb Deutschlands.

Natürlich kann die Zustimmung der reicheren Länder zu einem solchen möglicherweise vielfältigen Unterstützungstransfer nur erwartet werden, wenn verbindlich gesichert werden kann, dass die Mitgliedstaaten sich an die Vorgaben halten und innerhalb der Eurozone das Stimmrecht der Länder mit der Einwohnerzahl der einzelnen Länder gewichtet wird. Es müssten auch zentrale Institutionen innerhalb der Eurozone geschaffen werden, die Wirtschaftsförderungsmaßnahmen für die zurückgebliebenen Länder gewähren und auch in eigener Regie kontrollieren.

Könnten sich die Länder der Eurozone auf eine solche verstärkte Zusammenarbeit einigen, dann könnte dadurch das Interesse der noch nicht zur Eurozone gehörenden europäischen Länder gestärkt werden, ihr beizutreten, und dadurch das Gewicht des Euro in der Welt erhöht werden.

Zusätzlich müsste gewährleistet werden, dass die weniger qualifizierten Beschäftigten, insbesondere in den weniger entwickelten Ländern Europas, vor Konkurrenz aus Billiglohnländern geschützt werden, damit sie einen der Eurozone angemessenen Lohn verdienen können, wie es auch bereits für die Landwirtschaft Gang und Gäbe ist.

3. Leitfaden für eine europäische Steuer- und Finanzpolitik

Aufgrund der immer ungleicher werdenden Vermögens- und Einkommensverteilung – das wird schon allein durch die zusätzlichen Kapitaleinkünfte der Vermögenden bewirkt – besteht eine latente Nachfragelücke, weil das volkswirtschaftliche Sparvolumen höher ist, als die Nachfrage nach Gütern und Dienstleistungen. Um diese auszugleichen, sollten die Steuern und Abgaben für die Vermögenden erhöht werden. Das kann am Einfachsten dadurch bewirkt werden, dass alle Einkommen zur Finanzierung der Renten und Krankenversicherung, – und zwar entsprechend der Leistungsfähigkeit – herangezogen werden und die Renten und Krankenversicherung nicht nur von den Lohnabhängigen und Arbeitgebern zu tragen sind. Gerade im Zuge der immer weitergehenden Rationalisierung, nicht zuletzt durch Digitalisierung und Roboterarisierung der Produktion und Dienstleistungen, können sich immer mehr Unternehmen von der Zahlung von Sozialabgaben verabschieden. Auch Bezieher von Einkommen aus Kapitalerträgen und Mieten werden bisher nicht zur Finanzierung der Sozialversicherungen herangezogen.[52]

Steuerlich werden die Wirtschaftsabläufe am wenigsten beeinträchtigt bei der Erbschaftssteuer. Deswegen sollten diese stark erhöht werden, natürlich mit ausreichenden Freibeträgen, insbesondere für kleine und mittlere Familienunternehmen. Auch kann die Abzahlung von Erbschaftssteuern gestreckt werden, so dass sie aus laufenden Gewinnen abgezahlt werden können.

Wenn aufgrund von autarken Märkten, wie USA, Europa, Russland, China und anderen regionalen Zusammenschlüssen, die Unternehmen gezwungen sind, in jeder Region zu produzieren, dann schwindet auch die Möglichkeit, dass Staaten durch Steuersenkungen die übrigen Staaten zwingen können, ebenfalls die Steuern für Unternehmen und Kapitalgeber zu senken. Dann könnten innerhalb Europas einheitliche Steuern eher durchgesetzt werden, die natürlich einvernehmlich für schwächere Regionen modifiziert werden sollten.

Höhere Einkommensschichten könnten höher besteuert werden und die notwendigen öffentlichen Ausgaben für Infrastruktur, Soziales, Entwicklungshilfe, Sicherheit und Forschung und Entwicklung steigen.

In Deutschland würde dadurch voraussichtlich auch die Nachfrage nach Leistungen aus anderen europäischen Ländern erhöht und damit der Außenhandelsbilanz Überschuss verringert.

4. Leitfaden für eine europäische Geldpolitik

Es wurde dargelegt, dass Geldvermehrung deswegen nicht automatisch zur Inflation führt, weil Unternehmen und Private auch in Liquidität investieren, und zwar insbesondere in unübersichtlichen Zeiten oder aus spekulativen Gründen. Deshalb nimmt die Liquiditätshaltung in dem Maße zu, wie Kapitalmarktspiele an Bedeutung gewinnen. Wenn man bedenkt, dass heute nur noch ein Bruchteil der weltweiten Zahlungsvorgänge für realwirtschaftliche Käufe und Verkäufe getätigt werden und alle anderen Zahlungsvorgänge den Kapitalmarktspielen dienen, wird verständlich, warum die Geldmenge steigen kann, ohne dass es zu einer Inflation kommt bzw. die Inflation nur auf dem Kapitalmarkt stattfindet und die Aktienkurse, Immobilien und andere Güter im Wert steigen lässt. Denn neues Geld erhalten nur Leute, die dafür

---

[52] Zu weiteren Möglichkeiten, höhere Einkommensbeziehungen zur solidarischen Mitfinanzierung von Gemeinschaftsaufgaben heranzuziehen, siehe: Uwe Petersen: *Segen und Fluch der Globalisierung. ...*, Verlage tredition GmbH Hamburg ISBN 978-3-7439-5344-4 und CreateSpace ISBN 13:978-1934992727, S. 226 ff.

Sicherheiten bieten können, und somit nur Vermögende. Auf dem realwirtschaftlichen Markt entsteht demnach Inflation nur dann, wenn Kaufwillige – und das sind insbesondere untere Einkommensbezieher – das zusätzliche Geld erhalten und dann aufgrund steigender Nachfrage auch Investitionen getätigt werden.

Diese, der traditionellen Wirtschaftstheorie widersprechende Erkenntnis hat es den Zentralbanken ermöglicht, riesige Geldmengen in den Markt zu pumpen, um, wie es ihr Ziel ist, Investitionen anzukurbeln und möglichst eine Inflationsrate von 2 % zu erreichen, weil diese als ein Zeichen einer florierenden Wirtschaft gelten soll.

Befeuert wurden durch diese Geldmengen jedoch primär Kapitalmarktspiele und, nur soweit daraus überschüssige Gewinne zu Konsum und Investitionsausgaben führten, wurde die volkswirtschaftliche Nachfrage belebt. Größere realwirtschaftlich Impulse wurden durch die Geldmengenvergrößerung nur dann erreicht, wenn sie, wie in den USA, per Schuldenaufnahme zur Finanzierung von zusätzlichen Staatsausgaben genutzt wurde.

Die so immer weiterwachsende Staatsverschuldung wird jedoch zu Recht als ein Übel angesehen. Sie kann zu Staatsbankrotten führen und damit die gesamte Weltwirtschaft in den Abgrund reißen.

Ein besseres Verständnis für das Wesen des Geldes würde diese Gefahr jedoch beseitigen. Denn wenn Geld nicht mehr als eine Schuld der Nationalbank – und damit letztlich des Staates – sondern als ein vom Staat geschaffenes notwendiges Produkt zur Ermöglichung von Zahlungsvorgängen verstanden würde, dann würde in Höhe der Geldschöpfung das Bruttoinlandsprodukt erhöht und stände dem Staat der Gegenwert der Geldschöpfung für Ausgaben zur Verfügung, wie es die Voll-Geldinitiative durchzusetzen versucht.

Die Zentralbanken bilanzieren bisher herausgegebenes Geld als Verbindlichkeiten. Würde Geld als ihr Produkt anerkannt, dann würden sie in Höhe der für das umlaufende Geld ausgewiesenen Verbindlichkeiten den Staaten Guthaben zuschreiben, die dann aber, um die Staatsverschuldung zurückzuführen, nur für fällige Staatspapiere oder deren Rückkauf verwendet werden sollten.

Die Überwindung der Illusion, dass Geld Schuldscheine der Notenbank seien und nicht Produkt der Notenbank (als nachgeordneter Institution der Staaten) zur Ermöglichung von Zahlungsvorgängen, würde die Staatsschulden und somit die Gefahr von Staatsbankrotts drastisch reduzieren.

C. Zusammenfassung

Die Nachkriegsordnung mit den USA als Führungsmacht und gesellschaftlicher Wertgeber wird für sakrosankt gehalten. Bestehende Grenzen und Einflusszonen dürfen nicht verschoben werden. Deshalb ist die Einverleibung der Krim nach Russland ein Tabu. Von westlicher Seite wurde dieses Prinzip allerdings dann nicht beachtet, wenn es den Westens stärkte, wie die Abtrennung des Kosovo von Serbien und die Ausdehnung der EU und der NATO nach Osteuropa oder früher der Sturz Mossadeghs im Iran, Saddam Husseins im Irak oder Gaddafis in Libyen.

Die westliche Nachkriegsordnung ist weitgehend gescheitert, nicht zuletzt an dem Wiedererstarken Russlands und dem Aufstieg Chinas zur Weltmacht. Soll der Weltfrieden nicht gefährdet werden, dann müssen die Illusionen, dass die westliche Demokratie und Gesellschaftsordnung sich überall verwirklichen lassen und Russland die Krim an die Ukraine zurückgibt, aufgegeben werden.

Das wirtschaftliche Zurückbleiben der Entwicklungsländer und der islamische Widerstand gegen die westliche Säkularisierung der Gesellschaft und die daraus entstandenen Konflikte haben riesige Flüchtlingsströme in Bewegung gesetzt, die den gesellschaftlichen Frieden auch in Industrieländern gefährden.

Die liberale Marktwirtschaft, der wir den volkswirtschaftlichen Fortschritt zu verdanken haben, hat sich pervertiert in einen Kasinokapitalismus, der durch eine ständige Ausdehnung der Geldmenge vor einem Zusammenbruch bewahrt wird.

Wirtschaftliches Wachstum bedeutet in den Industrieländern nur noch zusätzliche Einkommen für Kapitaleigner, Unternehmer und Höherqualifizierte. Die Vermögens- und Einkommensverteilung verschiebt sich immer mehr zu Gunsten weniger. Die „Abgehängten" müssen durch zusätzliche soziale Leistungen unterstützt werden.

Obwohl sich die herrschenden Lehren des Neoliberalismus mehr und mehr als Illusionen erweisen, hält das Establishment an ihnen fest und propagiert sie als alternativlos.

Die wirtschaftlichen und gesellschaftlichen Spannungen, verstärkt durch den Zustrom von Flüchtlingen, haben ein Ausmaß erreicht, dass die Verlautbarungen der etablierten Mächte und Parteien von der Bevölkerung so sehr als Lügen empfunden werden, dass immer mehr Bürger selbst eine Änderung auch nur noch von *Lügenprinzen* erwarten, die *alternative Fakten* schaffen. Entsprechend wurde der Präsident der USA vom Führer der westlichen Wertegemeinschaft zum führenden „Lügenprinzen".

Das weltweite Establishment ist entsetzt und verzweifelt bemüht, Donald Trump von seinen politischen Destabilisierungsmaßnahmen abzuhalten. Stattdessen sollte jedoch vielmehr auch darauf gesehen werden, wie durch Donald Trump die wirtschafts- und gesellschaftspolitischen Illusionen zerstört werden und damit der Weg frei wird für neue wirtschaftliche und gesellschaftliche Initiativen.

Die USA sind ein riesiger Markt, der dank Donald Trump zunehmend autarker wird. Als Reaktion darauf müssen sich die anderen Länder und somit auch Europa auch zu autarken Wirtschaftszonen zusammenschließen, die von den Wirren des Weltmarkts und Erpressungen aus den USA unabhängiger werden.

In dem Maße, in dem sich die USA aus der Weltpolitik und damit auch aus Europa zurückziehen, verliert die atlantische Gemeinschaft an Bedeutung und wird Europa gezwungen, sich stärker nach Osten zu orientieren. Europa sollte sich beteiligen an dem von China initiierten Projekt „Wiederbelebung der Seidenstraße", zumal dieses Projekt für alle eurasischen Staaten eine zugleich friedensfördernde wirtschaftliche Belebung verspricht.

Durch eine stärkere Abkoppelung vom Weltmarkt wird zugleich die Möglichkeit eröffnet, den Wettbewerb zwischen den Ländern um immer niedrigere Steuern für Unternehmen und Vermögende zu beenden. Mit den dadurch möglichen höheren Steuern und Abgaben für Vermögende können die immer ungleicher werdende Vermögens- und Einkommensverteilung verringert und die notwendigen Ausgaben für Infrastruktur, Forschung und Entwicklung, Sicherheit, Soziales und Entwicklungshilfe finanziert und so Wirtschaft und Gesellschaft stabilisiert werden.

Die Überwindung der Geldillusion und Anerkennung des Geldes als staatliches Produkt zur Bewältigung des Zahlungsverkehrs würde zudem die Verschuldung der Staaten erheblich vermindern.

Uwe Petersen 政治幻想

唐诺德。特朗普对破除政治幻想的意义和
欧洲外交政策，经济政策的任务

辛垦译自德文

目录

说给读者的话

2017 年的春天，在美国新任总统唐诺德。特朗普就任前夕，柏林的经济专家，哲学家 Uwe.Petersen 博士在柏林中国论坛组织的 2017 年迎春会上作了专题报告，现在读者面前的译成中文的小册子"政治幻想"是作者此后写的续篇。它反映了作者对二次大战后东西方对抗，和对抗结束后全球化对世界的冲击的体验和探讨中的个人观点。

特朗普，重新当选的可能很大，他是典型的美国自我表现角色，高调出演，引人注目。他公然施展他的手法，强行重审已有的全部关系，迫使在新闻传媒上对他抨击的人不得不表示同意重新谈判。他们担心"如果不同意,后果会变得更加严重"，另一方面，值得思考的是，在言语上反对特朗普的人正好做了他们反对的事。至于"监督"，例如美国当任大使的没有停歇的指手画脚，其效果其实有限。事情,还是要"实事求是"。

有人有意出版此书，特别中国的朋友有意出版此书，对此书的思考启示深感兴趣，使得我们敢於翻译出此书，以供读者讨论。"没有政治倾向/有政治倾向"的柏林中国论坛提倡批判的对话，柏林中国论台着眼於求大同，如果这本小书引起不同的意见，我们认为我们大家只会因此共同受益，有利大家的和睦合作，有利自由的思想交流，柏林中国论坛也会朝此方向努力。"存在不同，允许不同"是我们的天然的原则。我们相信，这原则自然更适合于和"西方的祝福"有着痛苦经历的有着悠久历史的文明民族。

Petersen 博士是一位在中国受欢迎的哲学家，也是世界上研讨现实发展和未来发展问题的对话伙伴，是一位参与建造东西方大桥的建设者，不仅仅是为中国。在这伟大的发生着根本变革和挑战的时代，他不断作的贡献，对我们大家是鼓舞，鼓舞着我们进行自己的创造。

柏林中国论台主席

Eberhard J. Trempel

A. 政治幻想，政治幻想的后果和特朗普破除政治幻想起的作用

越来越多的事实表明，决定我们经济行为，社会行为的原则只是出于幻想，尊照这些原则的行为破坏经济,破坏社会,破坏国际关系.这些原则使人感到不过是谎话连篇,是培植政治小丑和蛊惑人心者的沃土。

　　特朗普们不但能摧毁已确立的经济结构，社会结构，他们的行动正在破除政治幻想，正在化解已经再也不能前行的社会结构。

I. 幻想和美国继续保持一个价值共同体，幻想依赖美国在北大西洋的框架里维持欧洲安全。

在过去的六百年里，世界的精神文明，社会的，经济的发展来自欧洲。欧洲文明我称之为基督教和古典文明结合成世俗的形式。现代科学技术，自由主义，马克思主义，资本主义市场经济都以欧洲文明为基础。

　　欧洲文明主导形象归根结底是自由的，实现自我的个人-----在宗教上是上帝的形象----并由此自我的觉悟，化小我为大我，化为对社会和整体的觉悟。或者因为宗教目的，或者出于世俗的意愿，或者因为个人谋求进取，或者开展作爱的团体，欧洲文明会有千姿百态。西方的倾向总是要提升个人自由，在东方人总是团结一致，结为整体。

美国发展成为西欧文明的中心，俄罗斯成为东欧文明的中心，中欧总是试图将双方的理想结合起来。冷战中西欧文明战胜了。西欧，在东方集团垮台之后，包括东德，包括临近的东欧国家都视自己和美国一起属于同一个赞成有人的自主，民主和资本主义市场经济的价值共同体。北大西洋公约组织曾经是他们的军事基础。美国曾经是西欧和北大西洋公约组织的领导力量。[53]

现在，由于以下的原因，欧洲和美国的价值共同体有崩溃的危险：

- 价值观有了疑问，

- 在此变幻的世界里的不同政治经济利益。

1.唐诺德。特朗普对西方价值观念提出疑问

正是因为有了西欧文明我们才取得经济和社会的进步，但是也因为西欧文明产生了如下问题:

。日益加深的财产，收入分配不公平，社会正在解体，社会底层日益贫困，

。世界经济危机日益深重，

。作为对欧洲文明全球化的回答的伊斯兰主义和恐怖主义，

。环境污染，气候问题和

。难民潮

---

[53]详细见 : Uwe Petersen: *Segen und Opfer der Globalisierung. Wirtschaftliche und gesellschaftliche Entwicklung, relative Verarmung, Arbeitslosigkeit, Wirtschaftskrisen, Links- und Rechtsradikalismus, Religionskriege Flüchtlingsströme und die Verantwortung Europas*, ISBN 978-3-7439-5344-4, 37 页及此后文字，90 页及此后文字。

当今政治经济界在台上的权贵们，依据西欧文明的价值观解释当今世界，以现有的经济，力量关系出发，宣称现在的状况是唯一的，无可替代的，而底层人民则认为这种说法是谎言。

这就给各国许诺人民以新政策的极端势力大开方便之门。美国选了特朗普当总统，对已有的经济贸易的价值原则，国际条约，行为准则全打上问号，美国不再是社会秩序，经济秩序的维护者。

2. 一个变化世界里的不同政治，经济利益

尽管欧洲和美国处在同一个价值共同体里，各自还是有不同的经济政治利益，美国在需要动用她的超级世界政治力量和经济手段时从未犹豫过。只是因为共同的价值观念和原则，使其在利用权力地位前还是有所掂量。美国自己也认同对世界的责任，努力让落后国家，和那些还未有民主领导的国家，需要人权的国家，去认识西方的生活方式。

现在美国本身深受商业赤字，去工业化困扰，大量低资质经济难民，滚滚而来，压力越来越大，迫切需要

。采用行政方式干预对外经济关系，追求独立自主的经济，或者通过双边贸易调整经济关系

。外交政策上只顾自己，从世界抽身而出，按特朗普的说法""美国优先"搞纯粹的国家利益，

。动则制裁，无情地挥舞经济大棒，强制别的国家和他们的企业遵循美国的利益，接受美国的惩罚，不然就不让他们在美国市场经营活动。

正是为此，他肆无忌惮地干预国际贸易，有国际冲突时，凡看到对自己不利，美国就会脱身而出，弃之不顾，让有事者自己应对。特朗普到处挥舞美国的经济大棒，在国际上，要用威胁，惩罚手段，将自己的意志强加于人。只有当冲突危及美国自身安全时，特朗普才恐吓采用极端的军事手段干预。

特朗普是房产商，他做买卖要计算亏盈，他做决定时要核计，美国过去给哪些国家付出了什么，现在要付什么，能得到什么。所以他问，在北大西洋组织这本账上美国掏了多少，其他国家出了多少，他问得不是一点没有道理。他已经询问过退出北大西洋公约组织和其他组织的可能。特朗普此人好激动，不太听人意见，在网上发推文，谎话连篇已成他的识别标志，闹得由来已久的世界秩序动荡不安。

但正因为如此，他能松动各种力量的态势，走出绝境，继续实现经济发展，社会发展。对其他国家而言，特朗普难以估计，不可捉摸，被动应对，和美国一体的价值共同体越来越难以为继。

II．在全世界推行议会民主，保证人民和谐发展的幻想，为破除这种幻想唐诺德。特朗普可以做什么

西方全球化的基本动力一直是向全世界推行西方的个人主义人生观，推行议会民主国家形式，推行以人为本的法律系统和一个自由的资本主义市场经济。

深信议会民主可以保障社会的和谐，社会的发展，这样的信念是有局限性的，这从阿拉伯之春的历史可看得很清楚。

这种理论唯独在突尼斯，在阿拉伯之春开始之时，其发展还可有几分肯定，在其他地方一概地一败涂地，令人痛心。

在黎比亚露出了有伊斯兰色彩的部落关系，在埃及，伊斯兰极端分子利用自由选举建立了伊斯兰政权，伊斯兰教徒有夺取政权的危险。

幸亏有场军事政变才避免埃及势态继续发展，埃及今天当权的是比穆巴拉克时代更加专制的军事独裁，或者说是一种对各式伊斯兰倾向进行无情压制的军人操纵的民主。

在叙利亚，在伊拉克，相对世俗的社会结构只能在库尔德人占据的，或其同盟者占据的地区实现，而巴塞尔。阿塞德伙同伊朗，俄罗斯总想重新夺回这些地区。巴塞尔。阿塞德自己实行的也是相当浓厚的世俗国家形式。阿塞德的力量主要是阿拉维派，基督教徒和其他非逊尼派，当然在一定程度上也受逊尼派知识分子和企业主的支持。大多数的逊尼派教徒是不承认阿塞德政权的。但是反对阿塞德军事专政"解放区"里的起义运动如果未被阿塞德政权联合俄罗斯和伊朗势力镇压的话，这些地区就会被伊斯兰教徒统治。

西方国家长期相信，或者因媒体误导相信，起义者是本着西方价值观行事，现在越来越多地看到，其中推动他们的力量是和伊斯兰国战士毫无差别的伊斯兰教徒。

过去议论的是阿塞德夺回 Aleppo 和其它地区时造成的破坏，造成的伤亡，而很少去注意不惜用人的生命去做肉墙，去疯狂抵抗的伊斯兰教徒。在这个世界上，伊斯兰势力坐大，除了伊斯兰教徒本身外，究竟对谁有好处呢？

西方国家应该明白，社会制度是由人造就的，或者说由人维持的。举个例子，如果一个民族其机构里已植入了民主思想，即使一个傻瓜总统也不能胡作非为。如果民主思想没有深入人心，那么就会形成旧的社会制度，或者军人专政，或者政党专政，自然，后者也是不好的，但是程度不同，至少是安定的，有秩序的，这就为经济繁荣创造条件。中华人民共和国就是个明显的例子。

怀着西方价值观的民主主义者对阿塞德在叙利亚所犯下的暴行是绝对不能忍受的，但是请记住，他的对手要是在叙利亚全境获得胜利，就会在其势力范围内以同样的残酷对待支持过阿塞德的派别。

在叙利亚是如此，在其他国家也是如此。为自由之战的英雄如新巴布韦的穆加贝，如尼加拉瓜的埃里克。桑托斯，他们反对人压迫人，他们反对腐败，他们一旦获得权力，马上会搞腐败，变成压迫人的人。

过去的被压迫者，特别是恪守教条的被压迫者，在建立自己的政权后，为了粉碎旧政权，就会比旧政权还要凶猛地进行镇压。请看一看法国大革命后的雅各宾政权，俄国十月革命后布尔什维克的行为。西方，特别是美国曾试图使非欧洲国家建立西方民主国家制度，形成西方的世界观，这些尝试在阿富汗，在伊拉克，在利比亚都失败了，可以预见，在叙利亚必然也是失败。不论别人态度如何保留，必须承认，法拉季米尔。普京稳定了俄罗斯联邦，他稳定了过去苏联各加盟共和国的关系，可能有些手段不当，终究避免了社会混乱和经济困难。

俄罗斯也只能这样领导。原苏联的各成员国至今实行的仍然是专制统治，东亚社会主义国家也是如此。叙利亚需要军人专政。普京可能是对的，在现有的情况下也只能由阿塞德政权稳定叙利亚局势。

只有在选民们接受明智的考虑，照顾少数人的权利，接受共同富裕的思想，民主才能实现。如果总是感情行事，总是从私利，从部落关系出发，那么要维护地区的安定，实行专制还是必要的。如果民主不符合以上的条件，很快会造成混乱，出现需要强有力领袖的呼喊。

西方对阿拉伯之春的态度也是错误的，造成了利比亚政权，叙利亚政权的动乱。在伊拉克除去萨达姆。胡塞因后并不能摧毁历来当权的阿拉伯复兴社会党，甚至还要把她请进新的体制里。最可怕的是当年美国的阿富汗政策鼓动伊斯兰分子反对苏联，造成了阿富汗混乱的局势。

在叙利亚，西方支持的几个造反派别，其实都是伊斯兰教徒，他们造成的破坏，屠杀的人数，大大超过以往。阻碍克复伊斯兰派别占领的地区，不管是伊斯兰国也好，基地组织也好，征服沙姆阵线也好，不管叫什么，只是延长了叙利亚人民的灾难，造成大量难民流亡。支持库尔德人，是唯一的例外，库尔德人早已建立相当浓厚程度的世俗社会体系，因此受到土耳其的挑衅。如果土耳其和库尔德不能找到一个双方都可接受的方案的话，那是不能实现和平的。

1. 朝鲜问题没有解决，特朗普可以起的作用

朝鲜战争已经过去七十年了，北朝鲜和南朝鲜之间一直没有签订和约，北朝鲜和美国，和世界上大多数国家的关系没有得到妥善解决。

美国，还在名义上代表站在美国一边参战的十五个国家和朝鲜签了停战协议，虽然小冲突不断，在解决和北朝鲜紧张关系的问题上美国起着主要的作用。

据彭博社报道，平壤有二十四个外国大使馆（其中有德国和联合王国）。瑞典代表机构非正式地代表着美国，加拿

大和奥大利亚。"其他的使馆主要承担着人道主义的任务。而北朝鲜在西班牙，意大利，和许多非洲国家等一共四十七国设有大使馆。"[54]

根据"一位美国总统不能见一个流氓国家的原则"，只能由下属去安排国家元首见面的场所，至今未能实现，北朝鲜追求成为核大国，发展打击美国和邻国的洲际导弹，正如巴拉克。奥巴马所说，这成了最为难解决的问题。美国和周围的国家认为北朝鲜发展军备危害世界和平。而金王朝和其追随者要防范被受外国势力支持的暴力推翻。伊拉克和黎巴嫩就是先例。

唐诺德怎么做?他粗暴地大肆煽动，威胁要消灭北朝鲜，加强经济封锁，强迫那些在美国做生意的企业一起参加经济制裁，鼓动北朝鲜的邻国中国和俄罗斯对北朝鲜施加经济压力。然后他和北朝鲜主席金正恩见面，和他谈妥，朝鲜半岛应成为无核武器半岛，签订和平协议，然后取消对北朝鲜的制裁。而美国和南朝鲜，和邻国首先不进行军事演习。这样对北朝鲜的紧张关系得到缓和，北朝鲜近乎被看作正常国家。

唐诺德。特朗普把"这笔交易"，看作为胜利，大大庆贺一翻，这是他一贯作风，他宣布北朝鲜不再搞核武器，其实北朝鲜的军事地位几乎没有变化。北朝鲜是不会放弃其军事力量，还会坚持其军事地位，因为在双方的协议里规定美国应该从南朝鲜撤出其武装部队，减少其在当地的核武器，但这是不会实行的，双方仍如过去一样，互不信任。

尽管如此，还是可说对北朝鲜关系已经缓和。即使美国继续维持禁运，俄罗斯，中国，还有其他国家可以局势缓和

---

1. [54] https://www.businessinsider.de/diese-staaten-arbeiten-mit-nordkorea-zusammen-und-koennten-fuer-trump-zum-problem-werden-2017-5

为理由逐步加强对北朝鲜的经济关系。通过军事技术的发展，北朝鲜获得相当的技术能力，可以发展私人经济，逐渐成为真正的工业国家，在参加禁止核技术扩散条约后可以上升为被人承认的核国家。北朝鲜的经济越好，就会越满意。变为富足的愿望越加强烈，就会使北朝鲜远离世上的冒险家。

美国逐渐从太平洋地区撤退,过去藏在美国保护伞下误以为安全的太平洋地区国家，就会感到必须自保了，也要成为核国家，至少日本是如此。

南朝鲜会在北朝鲜，日本和中国之间搞平衡。在东亚，总体是多极形势，中国的力量在增强，但是如果影响使用不当，形势就会朝反面走。例如共产党国家越南今天已不一定是中国朋友，而是攀着过去的敌人美国，北朝鲜一朝得意也会和美国，和日本拉关系。唐诺德。特朗普和北朝鲜掌权人见面也会对东亚地区和平起着推动作用。

2. 中近东冲突，唐诺德。特朗普可以起的作用

中近东冲突可以说是利益冲突和局部对抗纠缠在一起的一团乱麻，根本解不开。伊斯兰教内的根本的信仰差别，和基督教不同，不是出于这个尘世，*他们追求的是神的国家*，追求着恢复奥斯曼帝国的土耳其民族梦，反对西方尘世的梦，反对犹太复国主义的梦。

巴勒斯坦划分之后，巴勒斯坦冲突就变得日益深重。成千上万的巴勒斯坦人离开了以色列地区的故土，生活在黎巴嫩，约旦，加沙地带。因为人口的自然增长，700.000 难民已增加到 5.000.000 难民。他们渴望着回到现在以色列地区的家乡，这是完全不能实现的一场幻梦，也是发生新的冲突的温床。

以色列不断在建住宅点，向着巴勒斯坦扩展。巴勒斯坦人怀着的苦难创伤，因为有着伊朗的支持，在加沙地带狂怒发作。全世界提出抗议，呼吁冲突双方寻求两国和议。没有成效。

自此之后，难民和难民的后代得到几十亿计的经济上的支持，天长日久，这种不正常的情况就成了常态。如果不给难民支持，在困难压力之下，会达成可接受的方案，对难民而言可能比今日有利的方案，今日之下，以色列的住宅区不断地扩展。这状态何时是个头？

唐诺德。特朗普怎么做呢? 他面对眼下局势，向双方施加压力，将美国使馆迁移到耶路撒冷，减少给巴勒斯坦的救援，同时给以色列施加压力，例如停止提供财政援助，如果所有国家跟着做，双方解决冲突的谈判在高压下也许会获得成功。

黎巴嫩卡扎菲上校倒台，伊拉克的萨达姆。胡塞因也垮台，这些国家形势比先前还要紧张，还要混乱。被西方世界寄於民主希望，被近东伊斯兰教徒寄於希望的使尘世军事独裁实现伊斯兰化的阿拉伯之春收场了，在埃及军事独裁得到恢复，黎巴嫩，叙利亚政治，经济，军事一片混乱。

在叙利亚和伊拉克，美国做的是仅限於支持相对世俗的库尔特人，反对伊斯兰国。特朗普倾向接受俄罗斯态度，不管阿萨特政权对敌人如何残酷，和其他伊斯兰派别相比，毕竟是小害，这样一个国际承认的叙利亚得到复辟。

伊朗的发展被认做是对於近东和平发展的严重威胁。经过长年的谈判终於成功使伊朗不发展核武器。但是应该看到，伊朗不会轻易放弃自已的意愿，最迟 2014 年条约到期后又会重新发展核武器。

现代的军事力量的一个重要部分便是掌握强大的运载火箭，不但在军事上，也关系宇宙空间项目。伊朗大力发展火箭自然引起其可能危及和平的担心。伊朗的军事影响遍及叙利亚，黎巴嫩的真主党，甚至也门，这是以色列，沙特阿拉伯感到受威胁的原因。

特朗普如何做呢？他让美国退出和伊朗签订的核协议，重新对伊朗实行抵制，甚至比过去更还要严厉。他甚至动用美国巨大的经济市场胁迫其他国家和他们的企业和伊朗断绝经济关系，让伊朗陷于经济困境，为的使让伊朗的人民更加不满，奋起反对他们的政府，反对他们的制度。

唐诺德。特朗普威胁制裁伊朗，并且实施制裁伊朗，尽兴之后，特朗普再出其不意地向伊朗总统提出谈判，希望做一场买卖来解决伊朗问题。

另一个酝酿危险的病灶在土耳其：

- 不能解决的库尔特问题，
- 土耳其总统扇风点火的奥斯曼帝国重生之梦
- 土耳其总统对在野党，和所谓的土耳其敌人无所不用其极，甚至外国公民也成了牺牲品。

土耳其总统施行的种种政策使土耳其与许多国家为敌，高举外债以求经济发展，进一步在经济上削弱了土耳其。土耳其总统不守人员交流协议规矩，抓了美国神甫不放，特朗普对此怨气很大，对土耳其也多方面实行经济制裁，进一步削弱了土耳其，经济上使其处于极为困难的状态。

如此不经过联合国安委会批准，大肆施行经济制裁作为外交手段，虽然生成了新的外交态势，但也动摇了对外政治关系。唐诺德。特朗普这些行动使伊朗，土耳其处以经济上的困境，使俄罗斯无可奈何，易於解决近东问题。特朗普的行为，不合常规，但确实可推动世界和平。

另一方面，这种政策使得其他国家更加远离美国，根本上自立，互相依靠。欧共体，俄国，中国和印度会更加走近。不能依靠美国的国家趋向结成新的经济共同体。中国重振丝绸之路的项目对此更是推了一把力。

为此，欧洲需要放弃对俄罗斯的保留，在乌克兰问题上和俄罗斯妥协。从长远看可令美国不能继续敲诈世界。

欧亚国家走在一起，美国不能敲诈世界，--- 归根结底也要感谢特朗普　-----可以推进世界和平。

III 幻想俄罗斯将克里木归还给乌克兰，可以继续制裁俄罗斯，和 唐诺德。特朗普可以起的作用

任何人，只要客观地分析现实的框架，就会明白，不论所谓的自愿合并，还是俄罗斯吞并，克里木再也不可能还给乌克兰。但是西方国家的俄罗斯政策还是充满了幻想，深信只要制裁，俄罗斯就会归还克里木。西方国家对此的态度使人感到，俄罗斯是个侵略成性，向西方扩张的国家，想重新吞并过去苏联的加盟国，下一步吞并的就是巴尔干国家，甚至波兰。

要认识俄罗斯的政治，应该从俄罗斯的历史去认识她目的动机，从俄罗斯的角度去看，那根本不可能放弃克里木。

俄罗斯和乌克兰有共同的根源，都出自基辅罗斯。维基写道:"基辅罗斯[55]是中世纪时期的大国，可视为今日之俄罗斯，乌克兰，和白俄罗斯的前身。基辅罗斯这名称正表明了罗斯历史中，基辅作为留里克大公所在地，是留里克王朝政治，文化中心所在的时代。"[56]

"现代俄罗斯和白俄罗斯科学界有个使用旧日俄罗斯国家（Dpefnepycckoe gocdapctfa）的总体名称的倾向。因为基辅罗斯虽然在概念上也包括公元 882 年首都迁往基辅之前在留里克领导下在大诺夫哥罗建国之事，但在名称上不能体现出来。"[57]

"当时瞄着君士坦丁堡做贸易，征服君士坦丁堡的意图虽未得手，毕竟实现了和拜占廷的紧密连系，结果罗斯皈依基督教，公元 998 年在圣徒法拉季米尔统治时期罗斯最终皈依了东正教。"[58]

"由于政治上力量分散，公元 1237 年-1240 年期间老俄罗斯帝国为入侵的蒙古人战败，基辅罗斯被迫向钦察汗国进贡。罗斯公国的东北部（法拉季米尔-苏兹达尔公国）臣服钦察汗国，一直到 1480 年，而其西南地区和加里西亚-沃里尼亚王国经过 1321 年的义尔平大战，1362 年蓝水大战，沦为立陶宛大公国统治，后来和波兰一起建立共同的波兰-立陶宛共和国。今日乌克兰所在地区从 16 世纪起一直在波兰的统治之下。东面的法拉季米尔-苏兹达尔公国成为莫斯科大公国，以后逐渐吞并了周围所有俄罗斯邻国，最后臣服鞑靼喀山汗国。乌克兰不断扩展，和俄罗斯接壤，成为俄罗斯-波兰争夺的地区。

[55] Erich Donnert: Das Kiewer Russland: Kultur und Geistesleben vom 9. bis zum beginnen-den 13. Jahr-hundert. Urania-Verlag, 1983
[56] https://de.wikipedia.org/wiki/Kiewer_Rus
[57] https://de.wikipedia.org/wiki/Kiewer_Rus
[58] https://de.wikipedia.org/wiki/Kiewer_Rus

而黑海地区长期受奥斯曼帝国属国克里木汗国管辖， 18 世纪俄罗斯帝国吞并了克里木"。[59]

"波兰王室，贵族对西南罗斯信奉东正教的人民在法律上歧视，经济上剥削，宗教上施加压力，一次又一次地引起反对波兰统治的流血起义，1596 年，又受到 强制建立的 布来斯特教会联盟的进一步扇风点火。1648 年，哥萨克统帅 Bohdan Chmelnzykzj 领导人民起义推翻了波兰统治， 萨波罗基哥萨克建立了独立的国家-哥萨克酋长国。1654 年签订 **佩列亚斯拉夫**条约，哥萨克莫斯科沙皇成为哥萨克的宗主，结果，第涅泊河以东的乌克兰和基辅都在莫斯科的统治之下。"[60]

"1917 年 2 月革命之后（ 几乎 300 年之后） ，在一次世界大战将临结束，德奥占领期间，曾建立短命的乌克兰民族的国家，乌克兰人民共和国和西乌克兰人民共和国。1919 年 1月 22 日，两个人民共和国实行统一。波兰提出西乌克兰共和国地区属于波兰领土，直至 1919 年 7 月，在波兰-乌克兰战争期间，西乌克兰全境一直为波兰占领; 但在不久发生的波兰苏维埃之战中，波兰军队又被打回原地。此后，西乌克兰被波兰，罗马尼亚，捷克斯洛伐克分划，乌克兰中部，东部和南部划给俄罗斯苏维埃共和国。。。。

在战况反复，血腥的俄罗斯内战中乌克兰大部分领土被红军占领，被托洛茨基并入俄罗斯苏维埃共和国。1922 年 12月，苏联建立，乌克兰苏维埃共和国同时建立。"[61]

---

[59] https://de.wikipedia.org/wiki/Ukraine
[60] https://de.wikipedia.org/wiki/Ukraine
[61] https://de.wikipedia.org/wiki/Ukraine

"战后，乌克兰第一次整体以国家形式并入苏联。 1945 年，在佩列亚斯拉夫条约签约 300 年庆祝之际，俄罗斯将 克里木交给了乌克兰苏维埃共和国。 " [62]

"300 周年大庆在苏联绵延数月，在庆祝之时赫鲁晓夫将克里木半岛送给了乌克兰苏维埃共和国，这是一份造成至今紧张不断的礼物。人们说的是因为有了佩列亚斯拉夫条约将两个兄弟人民"永久"结成"牢不可破 的友谊"， 不仅是赫梅里尼茨基，而是全体乌克兰人民在推动争取和俄罗斯重新合并"。 [63]

"尼克塔 。赫鲁晓夫出身於俄罗斯西部的农民家庭，1908 年迁到 顿河流域，当时俄罗斯帝国最重要的煤炭基地和工业区 " [64]，他在乌克兰开始了他的政治生涯。

"1991 年 12 月，苏联解体后，乌克兰举行了全民公投，90.3%的人赞成国家独立。从此之后，夹在东西方之间的乌克兰一直寻求着她的国家身份，寻求她的国际角色，例如向西，加入欧共体，向东，政治上朝着俄罗斯。 " [65]

"苏联解体使东欧丧失了对自己地位的认识和社会认识。西方期待的是一片光明，向东欧国家和俄罗斯推广宣传自己对于世界和社会的想象。结果使得过去苏联经济严重崩溃，苏联分崩离析，分裂成多个国家，还是由过去苏联共产党书记领导，还有着不同程度的专制政权。俄罗斯自身岌岌可危，有分裂成小的，完全自决的自治共和国的危险，其中部分还有伊斯兰倾向。

[62] https://de.wikipedia.org/wiki/Ukraine
[63] https://de.wikipedia.org/wiki/Vertrag_von_Perejaslaw
[64] https://de.wikipedia.org/wiki/Nikita_Sergejewitsch_Chruschtschow
[65] https://de.wikipedia.org/wiki/Ukraine

当然，弗拉基米尔。普京不是"纯粹的民主人士"。他能使俄罗斯联邦避免在一片混乱的经济困境里消亡？普京成功地制止了分裂的进程，而且使其改变方向，俄罗斯重新成为国际政治舞台上充满自信的力量。普京越是成功，在西方眼里，就越无可能在俄罗斯实现西方的社会秩序，西方经济秩序，更莫要说平等的合作伙伴，简直是威胁。

两个德国统一之时，冷战结束之后，俄罗斯相信，东欧国家不会进入欧共体，不会参加北大西洋组织，北大西洋不会扩展到俄罗斯边境，结果以前想象不会发生的事情都发生了。

结束冷战的一个重要内容是 1990 年 11 月 19 日 比利时，保加利亚，丹麦，德国，法国，希腊，冰岛，意大利，加拿大，卢森堡，荷兰，挪威，波兰，葡萄牙，卢马尼亚，西班牙，捷克斯洛伐克，土耳其，匈亚利苏联，大不列颠和美国签订了关於欧洲常规武装力量的条约。"1999 年 11 月 19 日在伊斯坦堡欧洲安全，合作组织领导人的会议上，欧洲常规武装力量条约的成员国终于协商一致修改了这个条约。[66]

2007 年弗拉基米尔。普京在慕尼黑举行的安全会议上表达了失望，这个条约没有认真地执行："这个被大家接受的欧洲武装力量条约是在 1999 年签订的。这个条约反映了新的地理政治的现实----华沙条约不存在了。七年过去了，只有 4 个国家批准了这个条约，其中一个是俄罗斯联邦。

北大西洋国家公开声明，在俄罗斯关闭摩尔达维亚和格鲁吉亚的军事基地之前，北大西亚条约国家将不会批准这个条约，不会批准关於在限制侧翼驻扎武装力量的规定。我们的部队正从格鲁吉亚撤出，甚至迅速地撤出。大家可能知道，这些问题我们已和格鲁吉亚的同事说明。在摩尔达维亚有一

[66] https://sicherheitspolitik.bpb.de/m7/articles/m7-06

支 1500 人的义务兵，正在执行维护和平的任务，看守前苏联留下的弹药库。我们一直和索拉那先生谈这些问题，他明白我们的立场。我们愿意继续朝着这个方向努力。

但在此同时发生了什么请况？在保加利亚和罗马尼亚出现了所谓的轻型的美国武装基地，每个基地有 5000 人。这意味着，北大西洋组织把他们的进攻力量直接摆到我们国家的边境，而我们严守条约，未作任何反应。

我想，这样的北大西洋扩张的过程和联军的现代化毫无关系，和维护欧洲和平毫无关系。相反，这是一个挑衅行为，减少了彼此双方的信任。现在我们有权要问，你们朝着谁扩张呢?华沙条约取消时西方伙伴的保证变成了什么?这些声明到哪里去了？都快想不起来了。

请允许我在讲堂上提醒过去说过的话。我想说一句北约秘书长 维纳先生在 1990 年 5 月 17 日在布鲁塞尔上任时说的一句话.当时他说："我们愿意不在德意志联邦共和国边境部署北大西洋武装力量，这事情本身就是对苏联的可靠的安全保证。

柏林墙的碎石，水泥砖块早已化为纪念品了。但是别忘了，柏林墙的倒塌，是因为历史的选择，因为我国人民的选择，因为俄罗斯人民的选择，是为了民主，自由，坦率，为了欧洲大家庭所有成员伙伴友好的选择。

现在又有人忙于划分界线了，又忙于修墙了，虽然这个分界线，隔离墙还是虚的，还不存在，但却确实在分割欧洲。

是不是还需要许多年，几十年，好几代政治家才能拆去这新

墙？"[67]

开始时俄罗斯还相信，随着缓和的进程，俄罗斯会被看作同等地位的西欧组织的成员受到尊重。当东欧建立反弹道防御武器系统时，这个希望终於烟消云散。西方坚持说，这是为了拦截来自中东，远东的火箭。俄罗斯没有参与这一防御系统，俄罗斯提出将这些防御站建在俄国境内，俄罗斯提议被拒绝。

弗拉基米尔。普京在 2007 年慕尼黑的安全会议上说：" 我们对在欧洲建立火箭防御系统设施的计划感到不安。在这样请况下，不可避免地会发生新一轮的竞赛，谁需要这样的竞赛呢？我对此深深地怀疑，是欧洲人自己。真正打击欧洲需要有射程 5000-8000 公里的火箭武器，而这些所谓制造问题的国家，没有一家有此能力。假设北朝鲜发射火箭越过西欧射向美国领土，弹道规律不符，太离谱。正如俄罗斯谚语说的，"用左手去挠右耳朵"。[68]

可以理解，有了这些经历，俄罗斯重新关心自己的安全，每当欧共体，北大西洋公约组织向俄罗斯边境推进，将过去的苏联成员国纳入自己的框架时，就会更加警惕。

俄罗斯深知，北大西洋公约组织不吸收内部有冲突的国家，所以在 1992 年，当格鲁吉亚要用武力吞并阿布哈兹，南奥塞梯时，俄罗斯动用武力支持阿布哈兹，南奥塞梯独立，但无意接受他们成为俄罗斯联邦的成员国。这样，阿布哈兹，南奥塞梯实际上独立，按格鲁吉亚的要求，他们是格鲁吉亚的

[67] http://www.ag-friedensforschung.de/themen/Sicherheitskonferenz/2007-putin-dt.html
[68] http://www.ag-friedensforschung.de/themen/Sicherheitskonferenz/2007-putin-dt.html

一个部分，因为严重的冲突，格鲁吉亚不能成为北大西洋公约组织的成员。

正是上述共同的历史，俄罗斯十分关切让乌克兰加入欧共体，加入北大西洋公约的举措。

乌克兰和俄罗斯虽然出自同一根源，但因为波兰和立陶宛的影响，乌克兰社会是分裂的。乌克兰西部主要是天主教，或者乌克兰东正教，或者自主东正教，说的是乌克兰语，倾向西方;而乌克兰东部主要是俄罗斯东正教，倾向俄罗斯。

"以俄语为母语的居民在克里木自治共和国，塞瓦斯托波尔共和国占 77%，和 90.6%，语言上占多数。在克里木许多以俄语为母语的居民实际上是纯粹的乌克兰人，或者其他少数民族的家属。在顿涅茨克州，卢克斯科州说俄罗斯母语的占 74,9% 和 68.8%。"[69]

[69] https://de.wikipedia.org/wiki/Ukraine

"2010 年 1 月一份非国家发表的信仰分布报告[70] ",[71]

区域	东正教				天主教		新教	
	莫斯科	基辅	自主东正[72]		希腊基督	罗马基督		
西部地区	%	%	%	%	%	%	%	%
利沃夫	31.1	2.1	16.0	13.2	57.6	53.0	4.6	6.8
伊万诺-弗兰科夫斯克	35.7	2.3	22.4	11.1	53.4	50.9	2.4	5.2
捷尔诺波尔	37.9	7.2	14.0	16.8	51.1	46.2	4.9	8.1
东部地区								
顿涅兹克	47.3	40.9	4.9	0.3	2.8	1.9	0.9	29.8
哈尔科夫	49.3	44.2	2.5	1.6	1.7	0.9	0.9	29.2
卢甘斯克	56.1	50.7	3.6	0.8	0.5	0.4	0.1	25.3
克里木	42.4	38.0	2.9	0.7	1.7	0.9	1.0	16.9

---

[70] 宗教自由研究所 Institute for Religious Freedom" (IRF), 一家非政府组织结构，作的对已注册登记机构的调查报告； 调查状态: 2010 年 1 月 1 日。

[71] : https://de.wikipedia.org/wiki/Religionen_in_der_Ukraine

[72] "1918 年 1 月 25 日宣告成立乌克兰人民共和国，第一次成立了独立的乌克兰国家，乌克兰的宗教人士建立独立的东正教想以此加强国家的独立。。。。。。1937 年教会停止。。。。。二次世界大战德军占领期间在波兰总督管理区第二次建立了独立的乌克兰教会。。。。。1944 年，当红军逼近之时教会的统治集团全部逃亡西方，无一例外，乌克兰苏维埃共和国独立的乌克兰教会仍然是禁止的。。。。。这一次问题出在波兰东正教，1924 年康斯坦丁堡的主教授予波兰东正教独立的地位。在流亡的日子里教会又重新组织起来，开始时在德国，后来在美国，加拿大。1946 年在德国有 80 个牧区。50 年代里有许多乌克兰人迁移到美国，加拿大，澳大利亚，南美和其他西欧国家，在当地建立了乌克兰东正教牧区。。。。。1999 年在乌克兰正式重建乌克兰独立东正教教会，和在国外的教区合并。来自美国的 Mstyslav （Skrypnyk）主教为教会最高领导。。。。。1995 年美国，西欧各地和澳大利亚牧区和乌克兰教会脱离，建立了自己的教会。。。。。2015 年后乌克兰教会再也没有起领导责任的大主教了"" https://de.wikipedia.org/wiki/Ukrainische_Autokephale_Orthodoxe_Kirche

塞瓦斯托波尔

城	49.1	44.8	1.7	0.9	3.4	2.6	0.9	25.9
乌克兰	54.6	36.9	13.3	3.8	14.4	11.5	2.9	19.8

维克多。尤先科领导实行的是"积极的乌克兰化政策"; 在学校，在日常生活推广乌克兰语替代俄语,还采取许多措施推动使用乌克兰语。2010 年当选的总统亚努科维奇再次大力推行尤先科采取的这些措施，受到尤利娅。季莫申科领导的反对派激烈反对"[73]。

当弗拉尔。普京看到提供低价能源，提供高额贷款的提议没有起到效果，而且乌克兰还发生亲西方的示威，几乎发生一场反对当选总统亚诺科维奇的政变，乌克兰又会转向西方，此时普京只能重施格鲁吉亚故技，支持亲俄的百姓反对推动乌克兰化举措。就这样，乌克兰东部发生了流血冲突。

尽管克里木基本上说俄语，基本上都是俄罗斯东正教，在佩列亚斯拉夫条约 300 年大庆之际，赫鲁晓夫把它当作对"俄罗斯和乌克兰之间牢不可破团结在一起"的押宝送给了乌克兰。但是，乌克兰脱离俄罗斯，就失去赠送这份礼物的根据。俄罗斯立刻感到，她的黑海舰队在塞瓦斯托波尔待不住了，可能必须撤离。这样就发生了俄罗斯吞并克里木的事件。

从上述讨论可见，俄罗斯并不想吞并乌克兰，并不想吞并发生武装起义的顿涅兹地区。俄罗斯想避免的是乌克兰参与西方联盟，从而成为北大西洋公约组织的前进基地。唯一解决的办法是乌克兰中立化，乌克兰担当连结东西方之桥梁，开创发展经济的美好前景。而乌克兰失去克里木。

---

[73] https://de.wikipedia.org/wiki/Ukraine

如果不识此理，西方国家一味用经济制裁强迫俄罗斯归还克里木，欧洲国家禁锢的不过是自己的政治，禁锢的是和俄罗斯的经济交换，让乌克兰人民继续受难。

虽然美国是俄罗斯最强大的敌人，特朗普破坏自由经济关系，使欧洲和美国疏远，迫使欧洲加强和俄罗斯的关系。唐诺德。特朗普感情上，可能私人生意上和俄罗斯相连。美国人对俄罗斯患有强烈的恐怖症，说不定哪一天他会下令放宽对俄罗斯的制裁，甚至强迫西方国家和俄罗斯恢复正常关系。

IV. 幻想可以畅行无阻地接受难民，极左和极右的特兰普分子为破除这个幻想可以起的作用

原则上，亲切地对人，亲切对待难民的人，都值得赞扬，而心怀种族优越感，排外的人应受到谴责。但是原则是死的，只能按原则行动，如前所说，必然产生幻想。

大批难民成群成群结队涌入别的国家，会产生各种各样的问题，其中

1. 接纳的人民态度变化。可以认为，大多数的人同情别人的苦难，但在发生以下情况时，同情会转化为拒绝，甚至仇恨，

2. 这些外来人自行其事，肆无忌惮：
   ---把脸遮盖
   ---侮辱妇女，无视女老师，女医生，女看护人员
   ---不注意清洁卫生，不顾及不同的生活方式
   ---态度粗暴，甚至有恐怖活动倾向

3. 国家给难民的待遇优于困难的当地居民

90

4. 难民人数过多，故土成为外人的天地

5. 国家不愿意，或者没有能力对难民有序地登记，去融合难民，不能保证居民的安全，让小的区，镇自己单独应对产生的问题，可惜，德国就是这种情况。

在大些的工业城市容让的门槛还高些，在小镇，生活方式相对单一传统，容让的门槛相对低，超出容忍的门槛，就会受到当地居民的抵制，容易引起难民产生暴力。

在欧洲，即使相当开放的北欧社会，容忍的门槛不断地被跨越。结果人民对原先有群众基础的党派逐渐失去信任，为平民主义的极左，极右党派大开门户。

为使形势不致失控，特朗普们是必不可少的。匈牙利总理维克多。奥邦第一个挨骂，他在匈牙利边境上拉有刺的铁丝网。意大利的政治家也受指责，他们阻止了在地中海进行救援活动，其实谁都知道，要是非洲和地中海途中没有这种种的危险，没有发生这些不幸事故的话，难民潮来得还要凶猛，欧洲国家还要不稳定。

极左和极右政党的发展像一种疾病，是一种警告，难民问题处理不当，这会摧毁自己的社会，最终也无助於难民。

V．幻想不断推进世界贸易自由化实现普遍的富裕，这种幻想的后果和特朗普为消除幻想起的作用

国际贸易提高各国人民生活水平，这是市场经济学的一个基本信条。如果每个国家实现专门的生产，生产成本低於其他国家，这样所有的国家都能从中得到好处。

但是只有当事国，其生产条件出自天然时，国际贸易的优势才能体现，例如波罗的海的琥珀去和南美的香蕉交换。琥珀在可见的将来在南美发现不了的，香蕉在波罗的海沿海也只能在暖房里艰难地培育生长。冰岛用低廉的热能生产铝，和意大利的葡萄酒交换，双方都能得益。

各国从国际贸易得到的好处是相对的，各国的生产关系不同。过去大不列颠出口纺织品交换原料比其他贸易伙伴获利多，并不是因为大不列颠生产纺织品有比其他国家有更优越的自然条件，她之所以生产便宜，是因为生产技术先进。

在经济发展的过程中，和技术进步较小的贸易伙伴比，大不列颠和所有工业国的这种生产优势，只会越来越大，原来获得的利润促进了进一步的工业化，原有技术基础上进行了新的研发。即使农业也是从技术进步获益，今日之下，现代工业国的许多农产品成本已经低于发展中国家，向当地销售就会摧毁当地的农业。

为了使用技术性能更高的设备，工业国总是不失时机地提高培训水平，培训科目日益增多。发展生产资料所必须的专业知识必然强有力地推动了人的个性化，这是实现国家民主社会的前提。

发展程度较低的国家，教育还停留在较低的水平上，人还停留在古老的部落关系，家族关系里。发展中国家培养较高资格的劳动力，还不能充分地提供工作岗位，一部分劳动力就会走向工业国去。这样，相对落后的文明就继续保留下去。同时向工业国潜在的人员流动增长。

城市和农村发展情况不同，农民离开了土地，在国际贸易中呈现着同样的趋势。工业和服务业集中在城市里。除非大力发展交通，提供农业补贴，否则，田园荒芜是不可避免的。

在欧洲框架里，工业国得到的好处比主要生产农产品的南欧国家为多。如果工业国不能看到自己得到的经济上的好处，不能更大程度上和其他欧洲国家共享，欧共体就会分裂。商业，交通业，保险业，其它服务业集中在工业国，因为贸易，服务业得到的利润远胜於制造业，在国际贸易关系中经济发展是不平衡的。

集中在少数国家的商业，交通业和其它服务业如何破坏国际平衡，我们看看集中在工业国的谷歌，脸书，和亚马孙就知道了。由此产生的问题是不能单凭简单相信尽量不干扰贸易便可解决，对于发展中国家的问题问题早就应该认识了。

当发展中国家在改善生产关系，实现工业化时，工业国的企业家必然在当地投资，他们就会自己到发展中国家去当企业家，资本家，会超比例地分享当地得到的收入。

因为发展中国家劳动力低廉，工资密集型的生产便迁移过来了，发展中国家实现了一定程度的工业化。即使委托生产，大部分利润也为西方工业国获得，除此之外，产生这种情况的主要原因是，拥有可观自身市场的国家通过关税壁垒迫使工业国家的企业家在其国内生产。

如果发展中国家要求，在此地设厂，必须有本国企业家参股，西方国家的技术便为发展中国家获取，利润也被分配，这样他们也有了投资的能力，这就起了更大的工业化效果。正是因为国际贸易没有这些限制------这些年的现实也证明，那些愚蠢的鼓说国际贸易对贸易各方都有利的理论不是绝对正确的------今天的门槛国家有了飞速的发展。

按照国际自由市场的原则，国际换货其关税应尽可能的低。我们也看到了，门槛国家之所以能赶上工业发展，正式因为他们可以违背这条原则，工业国企业家在当地生产才能分享所在国的经济发展成果。

对工业国而言，普遍降低关税的结果，导致资质比较低的劳动力和发展中国家的劳动力进行竞争，虽然按照工业国的生活标准以这样低的工资收入是无法生活的，在德国只能在哈茨 IV 的框架里通过失业者的津贴补助。就这样，劳动条件越来越差，以至失业。

高收入者，和还可从其资产得到收入者，可以不断地增加其财产，而低收入阶层没有财产，以他们的收入也无法积累财产。其后果是，低收入阶层日益贫困，社会分裂加剧。

当然也由于财产分配的不平均,收入的不平均，产生了高额的国民经济积累----------这意味着减少的消费需求------只要积累资本投到实业经济，不只是为资本市场行情添柴加薪或者蒸发，那么最好的去处是合理化投资。但是由于实行了生产过程的数字化，失业趋势更加严重，本来恶劣的生产条件更加恶劣。

合理化投资使工资成本化为资本收入。如果市场条件允许合理化投资产生的利润不通过减价转递给消费者，必然使收入底层更加贫困。显然，过去 20 年发展成果几乎都落到企业家，资本家和高资质人士的手中。

所得税越低，无税率商业限制越少，则越有利於合理化投资，如果国际贸易活跃，那么产生得好处也只是落到资本家，企业家和高资质人士手中，而对低收入阶层是有害而无益的。这说明，国际贸易带来的经济增长并不意味着普遍的富裕。

发展中国家，门槛国家,因为发达国家生产转移，因为本国的工业化，其低收入层得到了好处，而工业国家失业率日趋严重，劳动条件日趋恶劣社会关系紧张，使得国民愿意寻求经济政策上变革，如唐诺德。特朗普在美国的作为。

尽管主导的新自由经济家们和其他工业国家暴跳如雷，当任美国总统要的是提高关税把工资集中型的生产能力重新搬回美国来，强迫其他国家的企业家在美国生产。

这也是个和发展中国家抵触的方案。发展中国家必须在自己的国家产生技术和资本，工业国家必须保证本国资质低的劳动力有相当报酬的工作。世界上没有一个国家只有资质高的劳动力，也没有一个国家只有没资质的劳动力。每个国民经济体必须充分多的门类，方足以令不同层次的群体找到工作。门类升级有助不同的工业部门，服务业部门互相交流学习。

美国采取了这样的政策损害了国际经济伙伴的利益。美国经济本身也有面临需要调正的困难。但是美国市场庞大，经济可以自立，外贸小，不要紧。

企业一旦认识到美国牺牲自由易货贸易，追求独立的经济，已经形成规矩，其余的世界就会做出反应，企业就会在每个比较大的市场保持完整的生产能力。数字化能力肯定有利於在一个地方完成复杂的生产，即所谓的分形工厂。

经济再不是像过去那样，在世界的某些地方大规模生产，然后从那里向下游企业供货进行再加工。从中期时间段看，经济不会比以前差，至少对资质低的劳动力的需要比过去要高，可以实现比过去高的工资。

当然，对数字化技术投资会危及这些劳动力。对此好像还没有防护措施。不过，经济发展方向错了，国家可以采取措施纠正，虽然不如对外贸考虑得那样多。

美国从来有保护主义的阶段，潜在的保护主义一直存在着。美国总是喜欢运用其政经力量，甚至工业间谍来保护自己的利益。

毋庸置疑，美国未来的总统会对世界重新大力开放的。美国钱袋子的钱会重新流出来，流向邻国作救助资金，发生自然灾害时，赈灾救民。虽然参与国际组织活动，曾经不太顺当，但是美国会重新参与。外交政策，经济政策上会保持"美国第一"。美国不会重新允许工业企业外迁，会继续坚持自主的的政策。

其他的地区，还有欧洲，必然会相应地提高自主的程度，既为了不受敲诈，也为了避免其它地区危机的波及。唉，不认识此理的国家要苦了！唐诺德。特朗普德打击完全自由化的世界市场会引起短期的经济危机，从长远看，有助避免世界经济危机。

VI．幻想长期的外贸顺差是健康经济的的特征，无需消除，唐诺德。特朗普为消除幻想可起的作用

德国，中国，日本这样的国家喜欢长期的有增无减的外贸顺差，也获得了前所未有的顺差: 在 2015-2017 年期间里德国出口商品金额"超出进口商品金额高达 2400 亿欧元。"(1)

进出口顺差确实可以作这些国家商品在国际上有需求的标志。出口的货物价格比进口的货物多，高达 2400 欧亿元，这意味着，德国生产超出本身的需求的规模有如此之大，超出本身的需求的投资有如此之大。这是怎麼回事呢？

生产的商品和提供服务和需求相当，也和产生的收入相当，那么这增加的 2400 亿欧元的需求要麼是因为，

1. 德国国内商品的价格抬起，直至进出口平衡----这称作为"涨价被进口了"；或者
2. 欧元汇率升高，结果也一样；

以上两种可能和实际情况都不符，：唯一的可能是

数量和进出口顺差相当的积累，转移到了国外，就是说，和进出口顺差相对应有个资本输出顺差。

这就有了问题: 为什么积累这麽多？广泛的阶层相对贫困，国家管理机构对交通，科研，环保，教育阿，安全，社会福利的投资不够。主要的原因还在于财产，收入不均。收入多的，没有充分的消费，没有足够的投资，把钱送到国外去了。

一个国家有外贸顺差，如果资本输出者不在这国家购置财产的话，另一国就产生了相应的负债。如果资本进口国，或者资本输出国发生经济危机，或者发生国际经济危机,那么就会有危险，投资者就会很快地脱手，变卖在所在国的投资资产，资本市场就会发生动荡，就会影响其他的经济关系。

像美国这样长期输入资本的国家，迁移离开美国的生产企业太多了，以致劳动力找不到工作，即使找到工作，工资极低，出现了许多工业废墟。

在欧洲，因为德国有出口顺差造成了其他欧洲国家对德国的负债，而且德国的贸易顺差把欧元汇率也抬高了，欧元汇率高，尤其依靠农产品出口的欧洲国家很难向欧洲以外的国家出口，不仅如此，因为国外产品便宜，就易于进口国外产品，损害了本国的制造业。所以多年来，一直要求德国减少出口顺差，这就不奇怪了。

作为德国政府，自然不能轻易地下令不准出口，或者征出口税，只有德国内需大幅增加，以致进口增加，德国的商品涨价，缩小出口规模，只有这样，才能实现进出口平衡。

对此国家可以采取的措施有：

1. 提高最低收入，
2. 国家制定规定职工参与分红，规定职工分红和公司领导红利的比例，
3. 提高高收入层在普通医疗保险和退休保险里承担的比例（根据收入累进增加，达一定的比例，退休金封顶），
4. 增加所得税税额比率，
5. 对遗产税采取高税额，当然需保持合适的免税基本金额，对中小企业应制定特别的规定。因为有遗产，市场经济里的起始条件不一样，这也是造成资产和收入日益不均的根本原因。

在此以德国为例所作的叙述基本上也适合其他长期有出口顺差的国家，特别是中国和日本，只是在细节上略有不同。(2)

中国的国民经济积累高达国民经济总产值约 40%，就是说国民经济

产值的 40%输出到国外了，或者说被国家或者，或者和私人负债者一起支出了。中国的困难是，因为长期的出口顺差，在国际上受到批评，国内的负债也在增加。

即便是中国，也只能通过抑制超富，应对不健康的发展趋势，中国

作为门槛国家，将远高于德国的国家资金投在开发，基建和经济建设。

这些有长年出口顺差的国家多多少少规避了国际上的批评。唐诺德。特朗普的强势要求，制裁威胁会使这些国家不得不实现进出口平衡。

美国提高的关税，继续提高关税强势威胁改变了国际货流的结构，影

响了经济发展。但是，最终起的效果是减轻了出口顺差国家可能因为世界经济危机发生全面经济崩溃的危险。我们不应忘记，上次财政，经济危机里，德国出口缩水，就业率大幅下降，只是采取了汽车报废，购置新车奖励，发放缩短工时补助等国家干预措施，才避免了经济崩溃的劫难。

(1)　　http:// bpb.de/nachschlagen/zahlen-und-fakten/globalisierung/52842/aussenhandel

(2)　　日本，请见:: Uwe Petersen Die wirtschaftliche Krankengeschichte Japans in:Unkonventionelle Betrachtungsweisen zur Wirtschaftskrise II.Krankheiten des Wirtschaftssystems und Möglichkeiten und Grenzen ihrer Haltung,Peter Lang Verlag 2011,S.122-129

VII 幻想降低企业税活跃经济，唐诺德。特朗普为破除幻想可起的作用

选举中最乐意做的许诺就是减税。有这样的宣传，当然每个人都指望能花更多的钱，当然，按照新自由经济理论的概念，也指望有更多的投资，发展经济，减少失业率。

因为减税会引起产生哪些支出减少，基本上无人提及，只是觉得，通过减税实现的经济增长会使税收增加，足以弥补减税产生的税收差额。减税还指望着外国的有钱人，外国的企业迁移到本国来，由此增加的税收正是别的国家减少的税收。

因为减税引起的企业迁移，有钱人迁移，虽然能使本国增加额外的收入，增加本国的繁荣，但在世界范围内减少国家收入，将世界范围内国家收入朝着本国自己的好处重新分配。世界经济没得到发展动力，只不过用别人的税收支付了自己的繁荣。

其他的国家也会自卫，会引起一轮普遍的减税行动，造成世界范围内的税收枯竭，会影响必不可少的国家开支。对於国家开支造成的不良影响又会造成对普遍需求的负面影响，对交通发展的负面影响，引起人民的不满，甚至发生打工仔罢工，使得整个经济层面倒退，必然波及企业家行为。

减少税收，且不说先前说的税收重新分配-------究竟能否化为经济增长，化为繁荣，在什么程度上转化为经济增长，这取决於通过经济增长获得更高采购能力的受益者，会不会将更高的采购能力在市场上消费或者重新投入，究竟在什么程度上减少税收不通过减少支出来实现。应该认识，对中层和底层收入者减税---只要后者还缴纳税,会有助增加国民经济的消费支出，对手工业者减税，甚至增加投资，这样能促进经济繁荣。

普遍认为减税便是投资有望，在我们的时代看来是画饼充饥。资本市场资金充足，兼之货币银行货币泛滥，利率已掉到零以下。其实，降税只不过方便了资本家和企业搞炒作，例如搞房产炒作，在这样的程度上推动了需求。如果减少税收，只是减少国家支出，那么需求减少，所谓的发展经济动力，也只能是这些炒作动力了。

总体而言，减税有利高收入层，对经济并无推动作用，除非国家支出不减，或者增加，通过增加国家负债来平衡减税带来的后果。当年美国总统罗纳德。里根减税便是一个例子，随着减税，里根同时宣布大幅度增加国家支出，增加国家负债。还有一例，便是唐诺德。特朗普。他宣布减税，通时宣布增加交通，军工，墨西哥边境墙等项开支，这些费用都不是用转移到美国的税收收入来承担。

唐诺德。特朗普德经济措施虽然无视其他国家经济，但符合其美国第一的思想。由此产生的世界经济问题为消除世界经济薄弱环节增加了动力，使自身的经济脱离世界经济，不再和世界经济问题纠缠不清。从长远的观点看，区域性的经济危机影响其他国家，导致世界性经济危机的危险减小了。

VIII 幻想减少国家开支推动经济发展

近年来几乎所有的国家都增加了国家开支，请见下表：

数字以百分比表示。

注：发表数字各研究所，不同统计时间稍有差别。

Land 国家	2001	2002	2003	2004	2005	2006	2007	2008	2009	2010	2012	2014
比利时			51,1	49,3	52,1	48,6	48,4	50,1	54,1		52,8	55,1
丹麦			55,3	55,1	52,6	51,5	50,8	51,9	58,3		58,2	56
德国	47,6	48,1	48,5	47,1	46,8	45,4	43,7	43,7	47,6	46,6	44,9	44,3
芬兰			50,0	50,3	50,0	48,9	47,2	49,3	55,8		54,4	58,3
法国			53,4	53,2	53,3	52,7	52,3	52,8	56,0		56,2	57,5
希腊			49,2	49,8	43,8	44,9	46,2	49,1	53,2		51,0	49,9
爱尔兰			33,5	34,0	34,0	34,5	36,8	42,7	48,9		42,8	38,2
意大利			48,3	47,8	48,1	48,7	47,9	48,9	51,9		51,0	51,2

日本					38,4	36,0	35,8	36,4			
卢森堡			42,3	43,1	41,5	38,6	36,2	36,9	42,2		43,8	42,4
荷兰			47,1	46,3	44,8	45,5	45,2	46,0	51,4		50,1	46,2
奥地利			51,1	50,3	50,1	49,3	48,3	48,7	52,3		51,5	52,7
葡萄牙			45,8	46,7	45,8	44,5	43,7	43,5	48,1		46,7	51,7
瑞典			58,2	56,7	53,6	52,6	50,9	51,5	54,6		49,2	51,8
瑞士	35,0	36,3	37,9	37,5	37,2	35,4	34,2	32,5	34,6	34,1	34,7	32,9
西班牙			38,2	38,8	38,4	38,4	39,2	41,3	45,8		42,7	44,5
联合王国			42,8	43,1	44,1	44,2	43,9	47,5	51,7		45,5	43,9
美国					36,6	36,5	37,4	38,6	41,6	40,0	37,3	
中国					18,4	18,5	18,3	42,6	25,8	25,9	28,1	29,7

Verwendete Quellen: 引用数据来自

- Statistisches Bundesamt:[74][75][76]联邦统计局

- Bundesministerium Deutsches der Finanzen:[77][78]德意志联邦财政部

- Bundesamt für Statistik:[ ]联邦统计局[79]

- Technische Universität Chemnitz:[80]凯姆尼兹技术大学

- Statista GmbH:[81] Statista 公司 [82]

　　按照新自由经济理论的逻辑，低税收所以能活跃经济，原因在於国家成份低，国家成份低，经济就相应地繁荣。在

[74] Anteil der Gesamtausgaben des Staates am Bruttoinlandsprodukt (Memento vom 7. Juni 2007 im Internet Archive) (Stand 1. November 2006, Internet Archive)

[75] Statistisches Jahrbuch 2010 (PDF)

[76] USA: Staatsquote von 2003 bis 2013

[77] Abgabenquoten im internationalen Vergleich Deutsches Bundesministerium der Finanzen auf Basis „Statistischer Anhang der Europäischen Wirtschaft" der EU-Kommission

[78] Entwicklung der Staatsquote. Bundesministerium der Finanzen

[79] Kennzahlen in % des BIP. Statistik Schweiz, abgerufen am 3. November 2011

[80] Staatsquote im internationalen Vergleich (Memento vom 12. Januar 2014 im Internet Archive) (PDF; 42 kB)

[81] Europäische Union: Staatsquoten in den Mitgliedsstaaten im Jahr 2014, China: Staatsquote von 2005 bis 2015

[82] Zit. nach https://de.wikipedia.org/wiki/Staatsquote

国家生产总值里消费者和企业占的比例高，就能更多地开支，投资，就能活跃经济。甚至说因为经济增长，税收也增加，以致国家开支不必按减税的规模减少。

维基百科则有:国家成份低，经济就发展得快，经济学各派对此无一致意见。低国家成份的批评者引用了斯堪的纳维亚国家的情况，这些国家国家成份甚至占 50%以上，但是生活水平之高不是一般[83]。至今还未见到说明国家成份和经济发展明确关系的调查文章。[84] "[85]

"Wagner 定律描写了增长的国家成份。Peacock-Wiseman 假设是一次解释尝试。Niskanen 的预算最大化模型进一步作了尝试。

Popitsche 定律说明了国家成份增长和中央政府在整个国家开支中比例增长关系。在这方面的还有鲍莫成本病模型。

把国家的业务称为"优质商品",这又是一种解释，其特点是，这种业务的消耗是随着收入增加而增加。如果需求增长得比收入快，那么对这种商品的支出不但绝对增长，而且随着总开支增大。

不光如此，对财政幻想还有议论。有人说，公民不计后果，选举那些会化钱，国家开支大手大脚的人当政府。这正说明了，税务系统越来越复杂，看不到真正的财政负担在哪。

Bretsch 定律则认为问题出在日益深入发展的城市化。城市和农村相比，国家对城市的业务项目在趋势上比农村多，城市人口增加，国家的开支随之增加。

[83] Deutschland auf dem Weg in den Sozialismus. In:
[84] Wie hoch soll die Staatsquote sein? In: Die Zeit. 26. Juni 2007.
[85] Zit. nach https://de.wikipedia.org/wiki/Staatsquote

特别在西方世界，还有一个不容忽视的情况是人口统计数字上的变化。人口的高度老年化，需要国家做更多的工作，以应对由此带来的经济上的问题，例如，为老年贫困的保险措施，退休和医保。[86] "[87]

这些说法在一定程度上解释了为什么国家增加开支，但是没有解释国家开支数量对国民经济需求的意义。财产分配的不公平，特别因此造成收入的不公平，底层收入者的消费支出越来越少，对于投资的刺激不复存在，此时国家的支出更加重要，只有国家才能弥补国民经济的供给和国民经济需求之间的空缺。

国家事业还包含着向低收入层转移提供的福利。这一部分基本上起着需求的作用。由此就可明白，当时的美国罗纳德。里根，现在的唐诺德。特朗普，他们的减税行为为什么实现了经济增长，因为他们在减税的同时，大量举债，增加了国家开支。还有，减少国家所占比例，以提高私人需求，只有给低收入层减税时才能实现。减少国家所占比例，国民经济整体需求没有变，国家开支减少和私人增加的幅度是一样的。如果减税后仍然有结余，剩余的需求不足会继续存在。

为给高收入层减税而减少国家开支，会导致经济萧条。请想想吧，为了给高收入层减税国家开支，其中给低收入人的补助会也会急剧减少，国民经济的积累会继续增加，国民经济会陷入萧条。在一个资金充足，对实业经济投资很少，利率趋近零的时代，只能向高收入层增加征税增加国家支出，活跃经济舍此没有它法。

---

[86] Berthold Wigger: Grundzüge der Finanzwissenschaft. Springer, Heidelberg 2006, ISBN 3-540-28169-X, S. 9–11
[87] Zit. nach https://de.wikipedia.org/wiki/Staatsquote

IX 幻想可以偿还国债，及其实际后果

国债被视作罪恶。人们常说的一句话，不要叫下一代来背这一代的债务。

这种说法很荒谬。下一代继承的不光是债务，还继承了当今一代的权益。这一代人如何结算债务，权益，下一代人也是如此结算债务和权益。

还有，为什么会发生国家债务呢？是因为有一部分开支国家单凭税收已不能承担，需要凭信贷支付。如果国家增加税收，那当然先找富人承担，而富人总是宁愿认购国债。如果下一代真的要偿还国债，那也是首先向富人征税偿付国债。从社会政策考虑，事实上是无法向穷人征税的。

在国债过高时总是担心负债过度，国家破产。国债越高，这种危险越大，请看下述国家，有些国家举债已到惊人程度，日本是典型的一例，高达 国民经济总产值的 236%。

国家	国家负债在国民经济总产值中占的比例 [88]		
	2008 年	**2012 年**	**2018 年**
德国	65	78	60
法国	69	89	96
联合王国	50	86	86
意大利	102	123	131
西班牙	39	84	97
葡萄牙	72	126	121
希腊	109	156	191
荷兰	54	66	54
比利时	93	104	101
爱尔兰	42	120	67
丹麦	33	46	36
瑞典	37	37	38
芬兰	33	53	61
波兰	46	54	51
美国	74	102	108
日本	183	237	236

在 2008 年开始的经济金融危机期间，全世界范围内出现了一轮国家举债。GerhardIlling 写道："在 2008 到 2015 年期间国际货币基金组织预计工业国国债总体增加 37.1%。其中 21% 是为因为收入不足造成。与此相比，只有国家财政刺激措施款（6.4%），历来有的支持金融领域有效支出款（1.9 %）两项增加国债份额。

当然各个国家，有具体情况，各各不同。爱尔兰和冰岛拯救银行费用各占国债增长份额的 40%以上 "。[89] 德国国债

[88] IMF, World Economic Outlook Database, April 2018, 5. Report for Selected Countries and Subjects
[89] Gerhard Illing: Staatsverschuldung und Finanzkrise – Wechselwirkungen und Krisenpoten-zia-lehttp://www.sfm.econ.uni-muenchen.de/forschung/staatsverschuldung.pdf, S.23

增加 2360 "亿欧元,为实际国内总产值的 8.1%"。[90] 国债能偿还吗? 要是能？如何实现呢?

萨伊定律说，在展开经济活动之时产生收入，利息和税务多项需求，其金额和生产产品和提供服务的总额完全相当。为偿还国债，国民经济总产值里的这一块，国家管理部门便不能作税收收入支出，不能换取商品和取得服务;那么，为保证国民经济需求平衡，那只能让债权人将他们收回的国债用於新的开支。

在正常情况下，债权人满足自己消费富富有余，剩余的资金会去投资实业。当今世界，市场上有的是资金，利率水平近乎零，甚至负利率。换言之，当前，投资压力非常大。因而，国债归还，钱无去处，归还钱多少，国民经济需求减多少，给经济带来不良的影响。 生产和服务业倒退，收支继续下降。

国债偿还应有条件，以不影响支出为度，也就是说

- 。债权人应将归还的国债投资或消费，并在因为归还国债相应地减少了社会开支的国家投资和消费
- 。应向收还国债款者加重征税。

前者是因为国民经济的高积累，------ 也因为财产，收入发展趋势越来越不公平---和实业经济获利相比不成比列，资本家宁愿在资本市场炒作，赌博。

向有资产者增加征税，可采用征高额的遗产税或者资产税的办法，可以分期付款，多年付完。

---

[90] https://deutsche-wirtschafts-nachrichten.de/2015/04/05/banken-rettung-kostet-deutsche-steuerzahler-236-milliarden-euro/. 德国经济消息（Die Deutsche-Wirtschaftsnachrichten）虽然写道 „为了拯救银行德国的纳税人掏了 2360 亿欧元".其实是增加了国债。 这国债以后是否真正由纳税人承担，此后的文章对此表示怀疑.

当然也会发生未能预见的不良后果，产生副作用，需要社会与以缓解。对于继承手工作坊，家族企业建议采用特殊条件。[91]

增加税收，政治家不能不有所忌惮，部分出于忌惮有权势的财主，也担心财主们和企业家出走。

像德国这样的国家，通过高额的出口顺差将需求转移到国外，而且转移了因为内需过少产生的不良效应，不但承受得起"黑零蛋"，还可偿还一定数量的国债。但是要求希腊这样的国家减少债务意味着什么呢?经济便会崩溃，如表所示，希腊的债务会进一步增加。

私人企业，如果债台高筑，只有经过和解谈判摆脱债务或者通过破产摆脱债务，至少减少债务，企业确保继续生存，此时才有可能继续从事业务活动。这类企业的债主往往放弃部分债权，以维护供货企业或者客户，如果不放弃，负债方破产，债权人损失更大。国家之间也是如此。国际货币组织要求减免希腊的债务，这样做是正确的，德国反对减免债务，其实是不负责任的。

现在希腊成为最困难的一例。Piräus 大学的 Angelos Kotios 写道："希腊债台高筑，原因很多，主要是影子经济，逃税，税法太复杂，税务机构低效，裙带关系，国家对退休金高额补助，希腊政界喜欢开支。希腊政府没有针对这些病原去斗争，巩固财政只限于增加税收，减少开支，整体减少了需求，陷于恶性循环，被迫使采取更多的节约措施。

希腊危机还有一个原因，缺少竞争能力，提高竞争能力曾经是希腊调整计划的一个主要目标。至今为止采取的手段主要

---

[91] 更多叙述的可见本人发表的文字，最近的是: Segen und Opfer der Globalisierung. ...,
S. 218ff.

是降低工资，改革劳动市场，改革社会服务，放开一定的职业，实行私有化。结果表明，这个方子没有提高竞争能力，也没有改善当地条件，希腊缺乏竞争能力有许多深层次的政治原因，内在的原因，例如官僚，腐败，管理过度，法律不可靠，商品市场，服务市场不开放，寡头垄断市场，资本市场不发达等等。此外，还有结构性的原因，例如生产基础单薄，有局限，内需为主，缺少一个活跃的出口机制，缺少创新，臃肿，内向的服务业（旅游业，运输业除外）企业结构薄弱，等等。这样，采取的措施不足以在根本上消除造成希腊缺乏竞争能力的多方面的，深层次的原因，不能实现降低工资，实现出口，吸收直接投资振兴经济的设想。在调整过程中，因为宏观经济波动，政局不稳，社会关系紧张，资金缺乏，悲观，税收增加，人力资源大量流失，当地条件甚至恶化，国家发展前景暗淡。总体而言，希腊调整政策追求短期的国家财政巩固，没有针对经济结构和经济秩序的薄弱，没有注意实体经济的不足，至今为止所采取的措施，全是顺周期性的，在整体宏观市场经济改革框架里缺少集中的国家结构和增长的战略。

这种经济上的欠缺当然是不能简单地减免债务可以弥补的。希腊被迫进行改革，改善结构，这样做是对的，因为问题多而复杂，疼痛是必然的。如果只是简单的外援，结果是继续稀里糊涂，最后还是白花钱。因此，必需认识这样的经济政策，不是简单地让别人偿还国债，国家如果破产，减免国债不可避免的。因此，开始之时就应该承诺希腊，可以减免国债，条件是实行改革，改善结构"[92]

---

[92] Angelos Kotios: Griechenland: Wahre Ursachen der Krise,
https://archiv.wirtschaftdienst.eu/jahr/2017/6/griechenland-wahre-ursachen-der-krise/

对希腊有效的，对其他有破产危机的欧洲国家应该也是有效。

国债金额越来越大，到处游荡实在危险，会造成国家破产，会发生经济和货币动荡。这些国债，如果不向这些国债持有人高征税收回的话，那确实只能采取一切办法，减免国债，在世上消除这些到处游荡的国债。

和私营经济一样，国家会因为无归还债务能力破产和银行会因为不能归还债务崩溃，有破产，崩溃，国家和银行才能有新的开始，自然也减少了总体负债。

当然，需要缓解社会矛盾，需要保护可以生存的企业。破产银行应以破产资产实行国有化，由欧洲中央银行，或救助基金会提供信贷，当银行可以盈利归还贷款时，再重新实行私有化。

当然，就像市场经济通常做的那样，银行破产产生的损失主要应由资本家承担。受打击的主要是资本拥有者。对私人和企业的存款，应定一个保证储户和企业安全的最高金额，由中央银行提供信贷，也从以后的利润中归还。

当然，忍痛实行的负债减免还会引起其他欧洲银行的痛苦调整。其他的欧洲银行，包括工业国家的银行被希腊，被其他南欧国家的叫人揪心的国债抽吸一空，这些银行会蒙受严重的损失，甚至有的会倒闭。不过这些倒闭的银行消除了自己揪心的债务。他们也会为国家资产管理部门以破产资金收购，依靠国家和欧洲中央银行的支持，接盘，重新融资，完成整顿后，重新私有化。

欧洲国家另行其道，他们是如何解决欧元危机？

如果债务减免规模较小，因此减免的只是有关国家的私人存款，而无关其他欧洲国家。

债务减免金额大的话，欧洲国家还向被破产危及的国家提供货币，以处理到期的国债。就这样他们直接或间接地通过欧洲支付银行提供了数量相当到期国债金额的信贷，接过了亏损的风险。高额的债务和到期的利率还留在破产危险国家。

在整顿框架里仍需归还的债务之高，不但阻碍了这些国家恢复经济，而且还有扩大之势。收入得来资金要不断地支付给外国的债权人，或者不准备将还款重新投入国内市场的本国债权人，按萨伊理论这就产生了国内需求缺口，最后把供应都减少了。这样形成经济继续螺旋下行，希腊就是这样的一例。

国债如山，破产危险不能解除，企业不敢投资，资金从这些国家出逃。

在私人经济里债务大了，要摆脱，只有调解，破产，指望国家经济恢复也是不行的，不破除幻想，指望国债偿还，只是使这些国家始终处于破产危机之中，甚至连累其他欧洲国家。想当初，南欧国家的债务能勾销的话，不至于今天因为意大利的危机害怕发生经济动荡。

X.幻想货币必须通过黄金和证券保证，及其后果

货币必须通过黄金，或者有价证券保证，这是幻想，不利于消除危机，对发展经济起了负面作用。这种幻想源自于货币的形成历史。最初之时，商人交换，以货换货。彼此换货是有条件的。有牛的，只想换马，但是要牛的只有羊，交易就做不成了。

这就产生了金银作为通用的交换手段，金和银本身也有价值。但是对跨区域的贸易，金银不易携带，也容易被盗，这样就逐渐为债券代替，债券随时可换回金银。商品交换增长迅速，获利胜於金银，用债券支付越来越多，这就有了大量发行纸币作为支付手段的可能。

但是产生了幻觉，居然始终认为流通货币必须有黄金担保。其结果是，只要国家银行其黄金保有量不增加，货币便不能根据流通需要量发行，流通不能通畅，经济发展便有了瓶口。在 20 年代，"为保证法国经济需要，增发法郎，法国收购大量黄金，[93] "[94]

但是还有相反的情况，西班牙在拉丁美洲大肆掠夺金银，1870-1871 年普法战争，获得所谓的战争赔款，大量金银滚滚流入国内，经济过热，贵金属储备太大，货币银行印的钱比市场流通需要的钱还多。结果是物价上涨。

二次大战结束，欧洲国家基本上失去了黄金储备，结果发现，虽然货币失去了黄金的担保，但仍然可以发挥付款的作用。美元成了世界货币，按照 BrettonWoods 协议，美元仍然需要以黄金做保证。[95]美国长期出现经常性的收支赤字，总有一天会失去对美元的信任。[43]　1973 年这一货币体系结束。1971 年 8 月 15 日美国总统理查德。尼克松取消了美元和黄金的挂钩关系（NixonSchock ）"。[96]

至今为止，事实证明，取消金本位美元价值丝毫未损。虽然美国和欧洲货币银行又有了黄金储备。但是，黄金存在保险

[93] Barry Eichengreen: Golden Fetters: The Gold Standard and the Great Depression, 1919–1939, Oxford University Press, 1992, ISBN 0-19-510113-8, S. 4 ff.
[94] https://de.wikipedia.org/wiki/Goldstandard
[95] Gerhard Rübel: Grundlagen der monetären Außenwirtschaft, Oldenbourg Wissenschafts-verlag, 2009, ISBN 978-3-486-59081-4, S. 157 ff.
[96] https://de.wikipedia.org/wiki/Goldstandard

库里，对货币供应没有任何意义。欧洲中央银行的货币量每月增加不超过 800 亿欧元，难道一开始就依据它的黄金储备？

大量增加货币，防止萧条，刺激投资，实行这种尝试的过程里认清了增加货币必然引起通货膨胀这种说法的本相。

每月增发货币，在执行的过程中把发行货币和新增的国民经济需求等同起来了，由此产生理论，超出实体经济支付需求的货币量会自动提升需求，就意味着通货膨胀。直至几年前，这种理论还为某些经济学家们作为科学知识贩卖。

在此未充分估量的是

1.   增加的货币低收入层得了多少？低收入层把这些钱主要用来消费的；富人们得了多少，富人们用它来储蓄的。

2.   流通需求，特别是资本市场玩家的需求，他们的需求数倍于实业经济的需求。

3.   对货币本身也有投资，货币越是被承认，越是被投资。人们没有认识到，支付能力本身就是价值。企业和个人无需储备黄金，只要有存款便能应对通货膨胀型的经济发展趋势。

直至今天，货币仍然被看作货币银行的债券，债券虽然不一定为黄金所担保，但是有价担保。

但是货币不是债券，而是国家的商品，作为付款手段的商品。在远古时代曾经用牛和羊支付，后来用贵金属，再后来，贵金属又被铸成国家钱币。

金属币的制作把贵金属的价值和国家的权威铸在一起。在钱币里衡量的不光是金属的价值，而且还有国家的权威。随着纸币的发行，纸币所体现的金属价值便退到台后去了，衡量钱币时已不起作用。纸币是一种商品，是一张保险单，一纸建房许可，或者一份车证。

货币的价值一则取决于发行货币国家的重要性和强大程度，同时，也如其它的商品，取决于其相对短缺程度。后者在金属货币时代便是如此。

在货币理论和经济理论里有条虚假的信条，货币必须有物质价值保障，因为没有认识货币的商品性质，货币被当作债券。

货币银行有责任保持货币的稳定性，因而有独立的决定权。但是货币银行毕竟是国家的一部分。货币银行向商业银行提供货币银行-货币时，会要求提供保证，优先入选的保证便是国债。[97]

货币银行持有国债，是国家给自己掏钱。国债期满获得的利率为货币银行所有，通过分红又还给国家。货币银行持有的国债券做了赢亏结算，国家管理机构根本不存在净负债。尽管货币银行持有的国债券还是算作国债。

如果国家提供的货币被当作国家的商品，那国家的债务便会减少这一块。

这样评估货币也应当和国家经济总决算相符。因为，增加货币对国民经济供需平衡有何影响呢？

如前所述，所谓经济平衡，就是在一个时期内生产的商品和完成的服务为生产过程中和服务过程中产生的全部需求所购买。如果有收入者只是出于保证自己支付顺畅，购买货币，储存货币，国民经济便会缺少这部分需求。如果承认货币为国家商品，那么这部分未化的钱也是是国家的净收入。

如果货币银行发行的货币在平衡表里本作为应付款的，现在转化为"售出商品"，货币银行就可以消除相当发行货币额的国债。

---

[97]。这种观点其实并不正确，在正常情况下，国家没有可能偿付债务，偿付的能力取决于有重新提供资金的可能性，也就是说取决于市场本身。

"真质货币倡议运动 "提出充分发挥货币商品性能作用，并将此作为运动目标。2018 年 6 月瑞士还举行了一次公民投票，要将货币改为真质货币，要推动承认货币商品价值。可惜只有 25%投票人赞成。

这个运动所以称之谓真质货币运动，还有着禁止商业银行发行账面货币的含义。

至今为止，银行需要的货币银行-货币有限，无非应付所发的信贷兑现。如果提供的信贷只是在银行之间周转，只是从一个账户转到另一账户，并非需要现款，这种方式提供的信贷，付款方便，被称为账面货币。任何信用卡付款或活期存款信用卡付款都是账面货币付款。

这样，银行可以利用银行客户的现金存款，储蓄存款，当然还有自己的资本多次地向外贷款，但是在紧急的时候，客户会突然提款，银行支付困难。为减少这种现象，货币银行要求在货币银行存入部分资金作最低备用金。当然还规定向外贷款不得超过自有资金的多少倍。

"真值货币运动"[98] 对银行搞账面货币，还以此挣钱很反感。他们想实现的是只有货币银行才可以提供货币。这意味着，银行只能根据自己的现款，也就是自己的资本，私人存款，储蓄存款可以提供的资金放贷。

他们希望以此能实现：

- 整个经济流通需求范围里，包括账面货币在内，只有货币银行提供货币，以此盈利，当然所在国家也跟着盈利。
- 因此大大减少银行危机，因为按照目前的办法，银行损失会坏了几倍于此的账面资金，对经济流通的破环极大，比收多少钱，借多少钱发生的问题，产生的破坏大。

---

[98] https://www.vollgeld-initiative.ch/

全面禁止通行账面货币，肯定严重影响银行，使其难以灵活发行货币，使其难以获得足够的利润。为减少银行发生崩溃的危险，应提高储备金，目前储备金很低（德国目前为1%），应提高银行自有资本在对外贷款中的比例（目前8%）。增加最低储备金，增加货币银行-货币流通，减少了账面资金流通，会使国家得到更多资金。

B 破除政治幻想，和实现负责任的欧洲政策前景

过去 100 年里经济和社会高速发展，世界上发生冲突的可能也随之增加。在欧洲经济和欧洲社会的全球化框架里，传统的部落从传统的社会结构里剥离出来。工业国和发展中国家之间，工业国和农业国之间经济发展发展程度不同，每个国家都存在着财产分配不均，而且日益严重，引发了各式各样的社会和宗教的紧张关系，世界上发生了一股又一股的难民潮。

在世界范围运行的康采恩和所谓的全球玩家是如此的强大，已可不听从国家政府的招呼。门槛国家在国际上竭力加强本身的力量，努力获取核武器，以致历来的强国感受威胁。工业发展污染了环境，危及世界，全球气候发生变化，后果难以预料。

占据主流的经济和社会理论和当权的势力，盘根错节，总是不肯下台，继续宣扬至今不变的成功药方，越描越黑，已经证明不过是一场幻想。他们的理论和行为在社会的所谓拖累者看来无非是谎言，以致针锋相对，提出另样事实。

什么是真的，什么是假的，模糊了，辩论的理性消散了。这就造就了左的，右的，乌托邦式的特朗普们的温床。由他们发动的平民潮流更加汹涌。被选为美国总统的特朗普就像捣蛋鬼一样在摧毁着已有的秩序，更大的混乱还在前头。

还有人想像，不同於特朗普的力量会把特朗普围困起来，迫使他回到传统的行事方式。唐诺德。特朗普和其他的特朗普们是旧的世界秩序破坏的结果。在台上的党派和在台上的主流理论哀叹西方社会，经济价值系统遭到破坏。但是他们应该认识到价值体系本身没有遭到破坏，而是其实现的方式

已经变态。为消除当前的社会经济危机应该重新定义由欧洲价值观念发展出来的主导思想。

I 欧洲外交政策的主导思想

1.减少对美国的依赖，增加欧洲外交的自身份量

特朗普对欧外交政策反复无常，极其危险，欧洲再也不能无条件地依赖美国的军事支持和核保护。不能排除唐诺德。特朗普和法拉基米尔。普京无视世界上其他人，无视欧洲的意见，牺牲别人合伙作交易。美国和俄国缓和关系，有利世界和平，但会付出什么代价，不得而知。

　　北大西洋公约组织作为防卫联盟究竟可靠到什么程度，对此说法纷纭。当初建立北大西洋公约组织为的是防止共产主义集团西进。冷战结束后北大西洋组织没有解散，只是大量地裁剪了军费。乌克兰冲突发生后，特别是东欧国家感到受到威胁，又有了增加军费的名目。

　　如前所述，害怕俄国扩展其实没有由头。如果部分老百姓，个别的国家还是觉得危险，不能放弃美国的参与，美国的核保护伞，那麽欧洲国家自己应在防卫上努力，以应对一旦出现美国撒手的时局，应指出德国的防务开支占国民经济总值的比例太低了，应大幅度提高。

　　欧洲不能任由美国在军事上，政治上敲诈勒索，在形式上应有一支欧洲特别的武装部队，组织上脱离美国，实行共同的防卫，允许每个国家拥有自己的武装力量，但在共同行

动时----仍然在北大西洋的框架里------，有统一的指挥。欧洲国家之间深度的军事合作，必然推动欧洲整体的整合。

欧洲虽然不应有野心，像美国那样当世界警察，但应该努力通过外交途径，为解决世界各地的冲突做出贡献。一些恐怖组织，特别是非洲，近东的恐怖组织，当地政府不能对付，如果美国又不管，就需要进行军事干预。

干预时，并非所有行动由所有国家参加，根据具体情况，根据各欧洲国家和冲突策源地的关系，由一个欧洲国家单独地，或在几国的军事支持下进行军事干预，而由另一欧洲国家调和冲突。总之，欧洲军事干预能力越大，欧洲的政治份量------可能有人不舒服-----和平解决冲突的能量也越大。

欧洲国防开支增加到什么程度，应根据威胁的严重性，和其他共同的任务决定。首先要通过军事合作，采用共同的军事装备进行优化组合，充分发挥军事潜力。

当前对欧洲最紧迫的是实现近东的和平，结束乌克兰和俄罗斯的冲突。这两场冲突之所以难以解决不但因为利益不同，还有根本性的原则冲突，这涉及到俄罗斯的政治，解决叙利亚，和乌克兰问题的钥匙在俄罗斯手里，俄罗斯同样有解决这两场纠纷的愿望。

2. 欧洲近东政策的主导思想

在近东冲突中欧洲虽然也参加了反对伊斯兰国家的斗争，但在和平解决冲突的问题上搞的是叙利亚实现民主化的幻想，特别低估了伊斯兰分子，这些人虽然不是伊斯兰国成员，在一定程度上和世俗的抵抗组织一起反对阿萨德政权，但是他们的理想和伊斯兰国没有分别，是不能把他们列到叙利亚有民主思想的人里去。

俄罗斯的政策比较现实。俄罗斯认为解决近东冲突就在于恢复国际承认的相对世俗的叙利亚。叙利亚为宗教上的少数派阿拉维派统治，逊叶派在宗教上是多数派，也被承认，和其他宗教派别一样依照自己的信仰生活，因而也支持阿萨德政权。但多数派逊叶派中不断冒出伊斯兰抵抗运动反抗现政权，受到了残酷镇压。但是，面对伊斯兰主义者的狂热，神权国家的理想，地下的恐怖蠢蠢欲动，除却铁手腕还有什么其它良方？

当日的车臣和埃及，如果法拉基米尔。普京，阿尔。西西不用暴力应对伊斯兰分子，今日会如何？对车臣人民，埃及人民会如何，对世界其他地方人民会如何？

前面已经说过，对这些国家的情况应有清醒认识，政权推翻，自然有另外的势力上台，经验告诉我们，台下的上台之后会动用同样的手段，甚至更可怕的手段。无论如何，一个得以恢复的叙利亚，宁可她继续发展成世俗的民主体系，也要比一个伊斯兰国的叙利亚为好。

欧洲可以继续努力经过一段过渡后让阿萨德下台。但在原则上，恢复旧的叙利亚是个比较好的方案，而且，以色列也倾向这个方案，美国也接受这个方案。当然，应允许库尔特人保留他们经过苦苦斗争，来之不易的自治区，至少他们奉行的是一个相对世俗的政策。

对于伊朗，欧洲应该继续信守伊朗条约，同时也应该看到伊朗在努力发展导弹，在对伊拉克，叙利亚，黎巴嫩，加沙地区的哈马斯，也门施加影响，有挑起和以色列，沙特阿拉伯冲突的潜在危险。美国粗暴地实行抵制政策，特朗普以图藉此迫使伊朗就范，欧洲应在外交上利用美国的抵制政策。

中东冲突的一关键之处是土耳其。雷伊普。埃尔多安寻求的是复活奥斯曼帝国的旧梦，奉行的是狭隘的民族主义，他成了近东，中东实现和平的障碍，破坏和平的危险。唐诺德。特朗普的抵制政策可使他参予实现和平解决的方案。

应该争取使埃尔多安接近库尔德人，继续已经开始的和解进程。2007年在土耳其被囚禁的库尔德领袖阿伯杜拉。安卡兰发给"欧共体，土耳其 和库尔德人"国际大会的建议似可以作为解决库尔德问题的主导方针：

"库尔德问题应该被看作为民主进程的根本问题，库尔德的地位应从法律和宪法加以保证。在新宪法里只需一简单条文便能满足这个要求：" 土耳其共和国宪法以民主的方式承认所有文明的存在和表示。"

语言和文化的权利应该得到法律的保护，广播，电视和新闻不应该受到限制。库尔德的电台，其它语言的电台，和土耳其广播台，电视台接受同样的规定和指导。对文化活动实行相同的法律和程序。

将库尔德语列为小学教学语言，任何人可以将他的孩子送到这样的学校学习。在大学预科，应有库尔德文化，库尔德语言，库尔德文学作为选择课程。大学里应设立库尔德语言，文学，文化历史的学院。

取消一切思想限制，组织限制，为言论自由，结社自由创造充分条件，凡涉及库尔德问题的事宜，均应有以上的自由，不得限制。

实行民主的党团法，选举法。保证库尔德人民，所有的民主力量，根据自己的意愿参加活动，实现民主意愿。

颁布民主的地方行政法，深入地推广民主。

解散村民射击制度，取缔国内盘踞的非法团伙。

允许战乱期间被驱离的村民回家，应为此采取必要的行政，法律，经济和社会措施 。发起一场发展经济的运动，采取积极鼓励的办法，提高库尔德人民生活水平。

发布一道实现社会安宁，和民主参与的法律，让游击队成员，被捕人员，逃亡者无任何限制地参与民主的政治生活。"[99]　库尔德问题在"Segen und Opfer der Globalisierung"一书中有更详细叙述。[100]

3. 乌克兰冲突

关于克里木问题，前面已经叙述了为什么将克里木归还乌克兰是不可能的。双方各持自己的立场，只有承认分歧的存在，分歧不影响双方未来的关系，才有可能解决分歧。

除非乌克兰保证不成为欧共体成员，更不成为北大西洋公约组织成员才能解决顿涅茨盆地的问题。同时，乌克兰应成为某种形式的联邦国家的成员，例如联邦德国的一员，各个地区都能开展自己的文化生活。经济上，乌克兰可以成为东西方之间的桥梁。

乌克兰的安全应由北大西洋公约组织和俄罗斯双方保证。然后，取消对俄罗斯的一切制裁，乌克兰和俄罗斯的经济关系由此会得到有效地的发展。

乌克兰问题不能解决很大程度上因为乌克兰自己，因为巴尔干半岛国家和波兰。巴尔干国家还有着当初俄罗斯，后来是苏联吞并他们的创痛。

---

[99] Abdullah Öcalan: *Lösungsvorschläge für die kurdische Frage in der Türkei*, 2007, http://freedom-for-ocalan.com/deutsch/download/vorschlaege-fuer-eine-politische-loesung.pdf.
[100] Uwe Petersen: *Segen und Opfer der Globalisierung*, S. 159-167.

波兰总是自认为是俄罗斯的竞争对手，自认为保持着斯拉夫的传统。俄罗斯一直被看作为一股亚洲的凶恶势力。这两国家的信仰不一样。波兰主要的是罗马天主教，俄罗斯是东正教。两边都把对方看作基督教的异教徒。

　　波兰现在执政的波兰法律和正义党的领袖 雅罗斯拉夫。亚力山大。卡钦斯基在斯摩林斯克坠机的前主席，他的双胞胎兄弟莱赫。卡钦斯基祭礼上说，这次坠机事故是俄罗斯造成的，这恐俄症真是超乎寻常。

　　如果东欧国家要求欧共体承诺提供安全保证，那应该向他们提供保证，但是这保证同时也应得到俄罗斯的承认。

　　美国患了极度的恐俄症，他们希望乌克兰冲突的火焰长明不灭，可以有继续有理由抵制俄罗斯，削弱俄罗斯，取代俄罗斯，自己充当能源的供应者。唐诺德。特朗普指责德国从俄罗斯进口天然气，让俄罗斯发了财，使人不禁瞠目。

　　唐诺德亲自玩此戏法，他和美国的权势不一样，他图的是和俄罗斯搞平衡，不仅仅是近东的冲突，甚至愿意放弃克里木，立世界性的规矩。

　　美国退出世界政治，早在特朗普之前已经开始，只不过特朗普把它推到极致。他强迫欧洲更多地关注欧亚。不能再抱着以下不切实际的幻想不放 ：

• 指望俄罗斯和中国采用和欧洲同样的社会标准，这不意味着，不能时时提示自由的社会原则。这些原则不是无条件地决定政治的根本因素。

• 指望克里木重新成为乌克兰的一部分。

• 指望欧洲继续依靠美国核保护伞保护，依靠美国军事力量的保护。欧洲应该尽快地实现军事上的独立，虽然欧洲继续寻求外交解决问题的途径。只有欧洲在军事上也强大的时候，才有外交解决的可能。

II 欧洲难民政策的主导思想

凡是正直的人是不能眼看难民被迫逃离他的祖国，在寻求安全的途中渴死，淹死，被强人抢劫，屠杀，而无动于衷。帮助难民是人应尽之义务。但是接纳难民应以不破坏收容国家的安定为度。

一个城里人迁到村里去，他如果不能和村民打成一片的话，可以想象，他会受到何种对待；也可以想想施瓦本(德国地区名)人对柏林人会有什么感觉，施勒维西-霍尔斯泰人（德国北部地区）对南方人会持什么态度。

不同的国家，不同的文化，不同的地区，到一个陌生的国家，要站住脚，会有多少困难 。

陌生的感觉会化为粗暴，外来人也会粗暴。如果不是单独个别地进入到别的国家，又没有融入新的社会的压力，为不致孤单，外国人会建立自己的社会，例如俄罗斯德国人，过去在俄罗斯建立自己的社会，现在在德国建立自己的社会，唐人街，在德国的土耳其人，都是如此，在此仅举了几个例子。土耳其人在德国已经生活了好几代了，看他们，就可知道外国人融入多么不易。

如果进入的外国人只是少数几批，社会可以适应，例如让德国人在俄罗斯建立自己的社会，和俄罗斯人共处。如果外国人大批涌入，所在国负担过度，就会产生冲突。为欧洲人历来称道的对世界最开放的斯堪的那维亚人，他们的容忍也到了极限。

在这样的情况下只能把国门关上。只有

1.　　国内低收入者社会补助提高，住房面积提高，对难民的帮助不致引起妒忌。

2.　　只有那些接受社会规定，接受所在国行为方式，包括对待妇女的态度，并且学习德语的难民才可以发放居住许可。

3.　　大力支持提倡难民的融入，特别在农村提倡支持难民融入。

才能重新开门。

只有当难民成功地融入，才能充实社会，才能推进和原来祖国的关系，推动原来祖国的发展。

还应尽一切可能帮助提高难民原来祖国的生活水平，消除产生难民的根源。

在实行这样的政策过程中,发生情况时，应有严厉的态度。虽然已经筹划在欧洲之外设立难民收容营,在其中选择合法的难民,安全地送往欧洲，但还是会有人无视警告,不顾危险，不顾一切地奔赴欧洲,以致途中丧命,这样的风险是不能避免的。向难民提供帮助,必须权衡本国可能产生的动荡.

善人的理念,多元文化理想者的理念,特别绿党,和左翼党(Partei der Linken)的理念不能实现后，便有了对 AfD （德国替代）组织的需要，在这里有意见的可以再此抒发自己不满的情绪。不管 AfD 反外国人的倾向如何令人讨厌，但须看到，如果没有 AfD 的话，就会出现比 AfD 更极端的暴力组织，让这个社会产生动荡。

III 欧洲经济和发展政策的主导思想

1. 欧洲对外经济政策的主导思想

科学,技术和经济的发展使欧美成为领导世界的国家,在全球化的发展过程中,西方的成就遍布全世界。工厂被迁移到发展中国家,门槛国家,使本国资质低的劳动力和发展中国家的劳动力产生了竞争,或者失业,或者和有资质的劳动力相比，生活贫困.

本来就有财产差别，收入差别，收入多的,节蓄得多,加上资本收入和地租收入,这就发财，财产差别和收入差别成指数地扩大.

工业国家社会分裂不断加深.因为工厂迁移到低工资国家,美国和联合王国出现长期出口逆差.资质底的劳动力失去了曾经有过的令人羡慕的工作岗位，社会地位下降，生活贫困，又有难民潮的外来影响，使得各工业国都产生了极右的潮流。

唐诺德。特朗普要求通过提高关税让美国的传统制造重获竞争能力，以此减少本国的社会压力，是可以理解的。对外经济的障碍提升了对资质低的劳动力的需求，加强了工会的影响，增加了工资，生产技术的进步，生产的精简优化带来的好处现在不再为资本家，企业和高资质职工所独有。

努力发展自主经济的后果，自然减少了国际商业交流，增加了工资成本。只要海关屏蔽内的市场足够大，又有分形综合制造技术可令所有零件在一地生产，经济发展可以预期。美国通过高关税保护，收回传统的生产企业，可以预料，会有很大的经济增长。所有名牌企业都乐意到美国去，为美国市场生产，那里的工资会增高，购买力会增加。

当然，从当前的自由化的世界经济过渡到自主经济，开始时会受到挫折。美国公司也不会像过去那样多地向外国出口，而是把工厂设在国外，作为对美国搞自主经济的回答，外国也会高筑贸易壁垒。

企业和资本家被迫改组遍布世界各地的制造网，成本增加，可以预料，工资成本也比目前的高，因而猛烈抨击自主经济，理由是自由经济提高了普遍的生活水平。但这种说法不过是幻想，前面已经说过。

因为经济界持反对态度，因为幻想极度发展的自由经济在政治上的好处，国际政界的当权者们都抱着这种新自由经济的幻想不放。德国，中国，日本的出口顺差被当作危害世界经济的罪行不断地在耻辱柱上示众。但是，如果没有特朗普，一切照旧。因为外贸的不平衡，世界经济令人担忧，没有起色。可以想像，在下一轮的经济危机中，因为德国的大量出口顺差，劳动市场，特别是德国的劳动市场会发生崩溃！

虽然全世界都希望唐诺德。特朗普恢复"经济理智"。但是这种可能是非常小的，即使他在个例里让步，他的政策对各国而言仍然是很大的不稳定因数，在此基础上是不能建立稳固的政策。

以后的美国总统也只会小幅度地回到过去的自由的世界经济政策。唐诺德。特朗普的经济政策作用时间越长，越能看到其好处，工业企业劳动力增加，工资增加，国内购买力增加。

不可忽视，美国有巨大的国内市场，可以在美国实现大生产，通过技术在进步，在一个地方实现复杂生产的可能越来越大。虽然别的国家也会反制设立贸易障碍，限制了美国的出口，但是美国的企业家可在国外设厂，也能分享别的国家经济发展的成果。

如果官方的公告还是可信的，那么工业国家经济还在提升。因为唐诺德。特朗普，美国经济发展再一次加速[101].只有经济发展缓慢的，经济发展不健康的国家，特别是伊朗，俄罗斯，土耳其，受特朗普严重制裁，经济崩溃，物价上涨，货币贬值。但是，谁都明白，现时的经济在火山上跳舞。国际经济盘根错节，经济崩溃会将牵涉别的国家，一起跌落。

如果采取重伤美国的反措施应对唐诺德。特朗普施的政策，只能使国际关系更加混乱。如果欧洲和美国谈判特别条件，这对其他国家不仗义，对受美国制裁的国家不仗义，至少干扰了最惠待遇的整个世界贸易组织秩序。应该认识，世界经济关系正在变化。

在过去相当长的时间里多次发生反对过于紧密的国际经济组合的示威游行，反对的理由很充分，TTIP 大西洋条约因此没有得以实现。唐诺德。特朗普使得事情激化，强迫人去重新思考国际经济关系。

有些国家对某些产品特别擅长，例如德国对机器制造，对这些产品，要麽不征税，要麽征税，不会伤及生产企业。这样搞自主经济不会完全破坏国际贸易。

欧洲不应再去怀念过去，商业交流正在收缩，欧洲也应该利用搞自主经济带来的新的可能。欧洲的关税也应提高，让受教育程度低的劳动力在工厂业找到工作，让南欧和东欧成为规模生产，代加工的基地，以此推动欧洲内部市场。

---

[101] https://de.statista.com/statistik/daten/studie/14558/umfrage/wachstum-des-ruttoinlandsprodukts-in-den-usa/

自主经济带来新现像，例如按自身市场需求生产钢，不像今日，中国的钢制品在全世界泛滥。

德国告别新自由经济的日益自由的世界市场模式最痛苦，对这个模式德国经济现在是最沾光的。德国的长处是制造高价值的工业设备和全世界都追求的车辆。

我们看看德国汽车制造业的前景。德国的汽车制造业在排气管上搞欺骗，维持了柴油车生产这麽多年，现在要崩盘了。德国如果还不能改变电动车，混合能车辆上的落后状态，那德国汽车工业的生存岌岌可危。

中国的追赶使得德国越来越难以保持技术上的领先地位。通讯技术的整合，由此在美国产生的物流，商业活动，越来越依赖网络商业公司。事实已经表明，有必要以中国为榜样，建立欧洲自己的商业平台。

在欧洲，由于限制了工业，低档服务业和发展中国家劳动力上岗竞争，工资水平普遍提高，欧洲市场内部需求增加，国民经济积累减少。这样德国不会因需求不足迫切需要国外的需求，被迫形成出口顺差。

欧洲市场和美国市场一样规模大，足以生产自己需要的产品。

2. 欧洲地区政策主导思想

因为收入不同，收入情况越来越不公平，有财产者积蓄比低收入层多，其中还有资本收入，国民经济体出现工业聚集在工业城市里的倾向，而广大农村相对贫困，而在多国组成的国民经济联合体内，各国经济发展程度也是不同。

在同一经济联合体里，各国发展水平不同，对共同货币的影响是不同的。在欧共体里，德国的出口顺差把欧元抬起，经济薄弱的国家因此出口困难，即使在同一欧元区，因为欧元汇率高，进口便宜，即使向其他欧共体成员国出口也不易。

因此应该有针对性地加强落后国家的经济，在实现之前，富国应向经济薄弱国家提供补助资金，就像德国内部经济强的州向经济薄弱的州提供补助那样。

要求富国承诺提供多方面的援助资金，成员国须提供正式保证，坚守规定的指标，同时欧共体内根据各国的居民数，决定国家的表决权。

在欧元区里应建立中央机构，为经济落后国家提供促进经济的措施，切实做好领导检查工作。

如果欧元区的国家对此达成协议，也能更加吸引更多的国家加入欧元区，增加欧元在世界上的份量。

应在与低收入国家竞争中保护低资质的劳动者，特别是发展程度不高的欧洲国家的低资质劳动者，让他们得到一个欧元区内体面的工资，像已经在农业生产中实行的那样。

3. 欧洲税收和财政政策的主导思想

因为财产分配不均，收入分配不均越来越严重-----有资产者的资本收入就足以造成收入不均了------这本身就潜伏着需求的缺口，因为国民经济的储备量高于对商品和服务的需求。为弥补这一缺口，应该增加对有资产者的税收。最简单的是无过於所有收入都根据能力征收退休和医疗保险，退休金，医疗保险不仅仅由工薪族和企业主承担。在不断深入合理化的过程中，生产，服务实现数字化，越来越多采用机器人，

越来越多的企业告别了社会支出。有资本收入和租金收入的也不缴纳社会保险。[102]**50**

在遗产税上，经济的流程受税务影响最少，因此应大幅度增加，当然须有足够的免税标准限，尤其是中小家庭企业。遗产税的完税期可延长，可从连年的盈利中支付。

因为多个独立的自主市场，如美国，欧洲，俄罗斯，中国和其他地区性的联合体，企业被迫在各个地区生产，一些国家为企业和资本家减税，不能迫使其他地区也为企业和资本家减税。这样，在欧共体里就可实行统一的税收，当然，对经济薄弱地区做适当的调整。

高收入阶层应多征些税，可以增加对交通，社会福利，发展援助，保险，科研开发等必不可少的支出。

可以预见，德国对其他欧洲国家的需求也因此提高，减少了对外贸易顺差。

4. 欧洲货币政策的主导思想

前面已经说过，增加货币不会自动引起通货膨胀，企业和个人须要存钱保证支付能力，特别在形势不明或者想炒作的时候是如此。资本市场炒作份量增几分，保持支付能力的份量就增几分。只要想一想，在世界范围的支付行为里只有很小的部分为实业经济的支付往来，其他的支付行为全是为资本市场炒作，这就会明白为什么增加货币不会起物价上涨，通货膨胀只发生在资本市场，只引起股市，房产和其他物资价值增长，新的货币只为求保证支付能力的人得到，换言之，只是有资产的人。在实业经济市场，只有当有购买要求的，

50.更多的应承担公益支出的收入关系，请见: Uwe Petersen: *Segen und Fluch der Globalisierung. …*, Verlage tredition GmbH Hamburg ISBN 978-3-7439-5344-4 und CreateSpace ISBN 13:978-1934992727, S. 226 ff.

特别是低收入的，多发了钱，才能产生通货膨胀，因为需求增加，有人投资。

正是这和传统经济理论相违背的认识，使得中央银行敢于放了大量货币投入市场，目标是促进投资，去争取实现2%的通货膨胀率，这是经济繁荣的标志。

这些钱大部分用来为资本市场炒作添柴加薪，只有由此产生的多余的利润化作消费和投资支出，才活跃国民经济的需求。要想通过增加货币推动实业经济，只有像美国那样，通过举国债，增加国家开支，才能实现。

国债不断地增加，把它说成罪恶并不为过。无限制地增加国债会导致国家破产，使全部世界经济陷入深渊。

如果能更好地认识货币的本质就能消除这一危险。如果货币不视为国家银行的债务------也就是说不视为国家的债务------而是把它看作国家为实现支付往来必不可少，必须具备的产品，这样，国民经济总产值便增加了相当发放的货币量这一块，发放货币量的金额就可供国家支出，这正是真值货币运动所追求的。

中央银行做平衡表时，一直将发行的货币作为债务。如果货币被承认为产品的话，那么作为应付款的流动货币量就可作为国家的存款，为了偿还国债，仅用於支付到期的国债券和收购国债券。

破除幻想，应认识货币不是货币银行的债券，货币是一种货币银行（国家的下属机构）为了实现支付往来而制作的产品，这样，国债会大大减少，国家破产的风险也会大大减少。

C. 结束语

以美国为领导力量，以美国为社会价值制定者的战后秩序，是被认为神圣不可侵犯。现有的边界和势力范围是不容迁移的。因此俄罗斯吞并克里木是不能允许的。但凡有利西方事件，例如科索沃脱离塞尔维亚，欧盟，北大西洋组织向东欧扩张，伊朗马萨特下台，伊拉克萨达姆。胡塞因 或者利比亚卡扎飞下台，在西方眼里都不是事，规矩就不要紧了。

西方的战后秩序基本上颠覆了，其中有俄罗斯再起，中国崛起成为世界大国的因数。如果不想破坏世界安宁，那么就不应该幻想在全世界实现西方民主和社会秩序， 不应该幻想克里木回归乌克兰。

发展中国家的经济落后，伊斯兰对社会西化的抗拒，由此发生的冲突，引起了大规模的难民潮，产生了社会动荡，也危及到西方社会的安宁。

自由的市场经济， 因为它，国民经济有了发展，现在蜕化，变成赌场资本主义，靠着不断扩大货币数量维持，才幸免遇难，已经到了奔溃的边缘。

工业国的经济发展只不过为资本家，企业家，高资质人士增加了收入。财产分配，收入分配向着少数人倾斜移动。

社会的底层还需要社会救济。

虽然主流新经济理论越来越多地被证明不过是幻想，可是当权派们还是紧抓住不放，把它说成是不可替代。

经济关系，社会关系紧张，兼之严重的难民潮，矛盾相当尖锐，在台上的势力，政党的告白，老百姓感到，甚於说谎，以致越来越多的公民盼望着变， 哪怕变个说谎王子，这就有了 AfD (德国另类选择)。同样地，美国总统从西方价值社会的领袖转变为超级说谎王子。

全世界的当权派都感到震惊，拼命地想阻止唐诺德。特朗普实施他搅得得天下不得太平的举措。其实应该看到，正是唐诺德。特朗普破除了经济幻想，社会幻想，为新的经济思想，社会思想铺平了道路

美国是个巨大的市场，因为唐诺德。特朗普，会变成独立自主的市场。其他国家，包括欧洲也会做出反应，也会组成自立的经济区域，以避开世界市场的纷乱，摆脱美国的敲诈勒索。

美国退出世界政治，也离开欧洲，北大西洋组织也相应地减少了其重要性，欧洲被迫转向东方。欧洲应该参与中国发起的"重兴丝绸之路"的项目，至少这个项目可使所有的欧亚国家推进和平，活跃经济。

进一步脱离世界市场，也结束了各国为企业和财主竞相减税的竞赛，也有了向财主多征税收的可能，可以减少越来越不公平的财产和收入分配，为交通，研究发展，安全，社会福利和发展援助提供必要的资金，稳定经济和社会。

消除货币幻想，承认货币是国家为保证支付往来制作的产品，可以大幅度减除国家债务。

Autor/作者介绍

Uwe Petersen, geboren 1932, studierte Sozialwissenschaften und machte 1956 das Diplom-Volkswirt-Examen in Heidelberg. Nach einem anschließenden Studium der Philosophie und des Völkerrechts promovierte er 1964 in Heidelberg bei Hans-Georg Gadamer (Korreferent Jürgen Habermas) zum Dr. phil. mit der Dissertation *Das Verhältnis von Theorie und Praxis in der Transzendentalen Phänomenologie Edmund Husserls*. Ab 1965 war er in verschiedenen Wirtschaftskonzernen und danach in der Wirtschaftsförderung und der strategischen Unternehmensberatung tätig und ist Mitgründer von Wirtschaftsförderungsgesellschaften. Seit 1998 beschäftigt er sich schwerpunktmäßig mit handlungsphilosophischen Themen.

Uwe Petersen ,生於 1932 年， 学习专业为社会科学， 1956 年在海德堡通过国民经济学硕士考试。此后在海德堡从师 Hans-Georg Gadamer ,攻读哲学和民族学， 1964 年以论文"Edmund Husserls 超验现象学理论和实践的关系"获博士学位 (第二学术论文鉴定人为 Jürgen Habemas).1965 年起前后在几家康采恩企业工作， 此后从事经济促进工作， 咨询企业发展战略，是多家经济促进会的共同发起人。 1998 年起从事行为哲学课题。

Bisherige Veröffentlichungen/已发表著作:

Ost-West-Kooperation- Möglichkeiten und Grenzen, Rissener Studien, Eigen-verlag HAUS RISSEN, Institut für Politik und Wirtschaft 1974

Arbeitslosigkeit unser Schicksal - Wirtschaftspolitik in der Stagflation, Peter Lang Verlag, Frankfurt/M. 1985

Finanzmittelplanung in: "Unternehmensgründung, Handbuch des Gründungs-managements", Verlag Franz Vahlen, München 1990

Finanzmittelplanung, in "Gründungsplanung und Gründungsfinanzierung", Beck-Wirtschaftsberater im dtv, 1991, 2. völlig überarbeitete Auflage 1995, Finanzbe-darfs- und Finanzierungsplanung in 3. Auflage 2000.

Das Böse in uns. Phänomenologie und Genealogie des Bösen, novum Verlag Horit-schon-Wien-München 2005.

The Evil in us Phenomenology and Genealogy of Evil, novum pro Verlag 2014

Raum, Zeit, Fortschritt. Kategorien des Handelns und der Globalisierung no-vum Verlag, Horitschon-Wien-München 2006.

Das Verhältnis von Theorie und Praxis in der Transzendentalen Phänomenologie Edmund Husserls, Neudruck der Heidelberger Dissertation mit einem Nachtrag: *Husserl als Handlungsphilosoph*, Philosophische Reihe, Hg. J. Heil, Turnshare Ltd. London 2007.

Kreativität und Willensfreiheit im Zwielicht sinnlicher Erfahrung und theoretische Leugnung, Königshausen& Neumann, Würzburg 2007.

Religionsphilosophie der Naturwissenschaften, Philosophische Reihe, Hg. J. Heil, Turnshare Ltd. London 2007.

Sprache als wissenschaftlicher Gegenstand, philosophisches Phänomen und Tat, Königshausen& Neumann, Würzburg 2008.

Philosophie der Psychologie, Psychogenealogie und Psychotherapie. Ein Leitfaden für Philosophische Praxis, Verlag Dr. Kovač 2010.

Wirtschaftsethik und Wirtschaftspolitik. Zur Lösung der globalen Wirtschaftskrise. Von der liberalen zur sozialliberalen Wirtschaftsordnung, Verlag Dr. Kovač 2010

Anthropologie und Handlungsphilosophie, Verlag Dr. Kovač 2011

Unkonventionelle Betrachtungsweisen zur Wirtschaftskrise.Von Haien, Heuschrecken und anderem Getier, Peter Lang Verlag 2011

Unkonventionelle Betrachtungsweisen zur Wirtschaftskrise II.Krankheiten des Wirtschaftssystems und Möglichkeiten und Grenzen ihrer Heilung. Peter Lang Verlag 2011

Unkonventionelle Betrachtungsweisen zur Wirtschaftskrise III. Was ist zur Lösung der Krise zu tun? Peter Lang Verlag 2012

Unconventional Consideration Manners of the Economic Crisis III. What is to be done for the solution of the crisis? Peter Lang Verlag 2013

Im Anfang war die Tat, I. *Die Geburt des Willens in der Europäischen Philosophie*, II. *Vom Willen zur Tat*, Verlag Dr. Kovač 2012

Säkulare Stagnation unser Schicksal? Grenzen der angebotsorientierten Wirtschaftspolitik, 2014. ISBN 978-15009497554

Are we Doomed to Secular Stagnation? Limitations of Supply-Side Economic Policies, 2014, ISBN 978-1503319103

www.ingramcontent.com/pod-product-compliance
Lightning Source LLC
Chambersburg PA
CBHW081551280526
45788CB00011B/3443

Segen und Opfer der Globalisierung. Wirtschaftliche und gesellschaftliche Entwicklung, relative Verarmung, Arbeitslosigkeit, Wirtschaftskrisen, Links- und Rechtsradikalismus, Religionskriege, Flüchtlingsströme und die Verantwortung Europas 2017, ISBN 978-3-7439-5344-4

Blessing and Victims of Globalization. Economic social development, unemployment, economic crises, right-wing and left-wing radicalism, religious wars and the responsibility of Europe, 2018, ISBN 978-1983773297

Bénédictions et Victimes de la Mondialisation, Développement économique et social, Appauvrissement relatif, chômage, crises économiques, radicalisme de gauche et de droite, guerres de religions, flux de réfugiés et la responsabilité européenne, 2018, ISBN 978-1983962998